全国注册咨询工程师(投资)职业资格考试
考点突破+历年真题+预测试卷——

宏观经济政策与发展规划

(2024版)

全国注册咨询工程师(投资)职业资格考试试题分析小组　编

机械工业出版社

本书共分12章，主要内容包括宏观经济管理、投资体制与投资政策、财税体制与财税政策、金融体系与金融政策、产业政策、社会政策、生态文明建设、规划体系与发展规划、国土空间规划、“十四五”时期的发展任务与重大举措、重点领域发展规划与政策、国家区域重大战略。各章内容包括本章核心考点分布、专家剖析考点、本章核心考点必刷题、本章真题实训、本章真题实训答案及解析、本章同步练习、本章同步练习答案。书中附两套2024年考试预测试卷。

本书涵盖了考试复习重点，内容精练，重点突出，习题丰富，既可作为考生参加全国注册咨询工程师（投资）职业资格考试的应试辅导教材，也可作为大中专院校师生的教学参考书。

图书在版编目（CIP）数据

全国注册咨询工程师（投资）职业资格考试考点突破＋历年真题＋预测试卷．宏观经济政策与发展规划：2024版/全国注册咨询工程师（投资）职业资格考试试题分析小组编．—3版．—北京：机械工业出版社，2023.11

ISBN 978-7-111-73985-2

Ⅰ．①全…　Ⅱ．①全…　Ⅲ．①中国经济－宏观经济－经济政策－资格考试－自学参考资料②中国经济－经济规划－资格考试－自学参考资料　Ⅳ．①F830.59②F120

中国国家版本馆CIP数据核字（2023）第185747号

机械工业出版社（北京市百万庄大街22号　邮政编码100037）
策划编辑：张　晶　　责任编辑：张　晶　范秋涛
责任校对：曹若菲　贾立萍　陈立辉　　封面设计：张　静
责任印制：常天培
北京机工印刷厂有限公司印刷
2023年11月第3版第1次印刷
184mm×260mm・8.5印张・242千字
标准书号：ISBN 978-7-111-73985-2
定价：59.00元

电话服务　　网络服务
客服电话：010-88361066　机　工　官　网：www.cmpbook.com
010-88379833　机　工　官　博：weibo.com/cmp1952
010-68326294　金　书　网：www.golden-book.com
封底无防伪标均为盗版　机工教育服务网：www.cmpedu.com

前言

参加全国注册咨询工程师（投资）职业资格考试的考生大多数是已经参加工作的在职人员，不会像全日制学生那样系统地参加学习，大多是通过自学，少了一种学习的氛围，而且学习时间也不可能有充分的保障。基于对考生在学习中存在上述困难的深刻认识，我们认为一本好的辅导书对他们来说就显得尤为重要，这也正是我们编写本书的出发点。

本书以考试大纲为中心，以历年真题为导向，针对近年来考查频次较高以及有可能进行考查的考点进行深度解析。以“一题干多选项”的形式，力图在各考点之间建立起关联性、系统性的框架，以帮助考生深度理解和全面掌握各章节考点内容，做到举一反三，掌握好一道题就相当于掌握了一类题，以此帮助考生事半功倍地准备复习，赢得考试。

本书的特点如下：

围绕大纲，构建知识体系。本书中的“专家剖析考点”是按照考试大纲要求的考核重点进行剖析的，简明扼要地阐述了考试大纲对考生应知应会的要求。这部分内容为考生指明了备考学习的方向，考生根据这一部分内容可以确定命题所涉及知识体系的重要程度。

突出重点，注重把握主次。本书中的“核心考点必刷题”形式打破传统思维，采用归纳总结的方式进行题干与选项的优化设置，将重要考点可能出现的题目都一一列举。为了让考生既能选出正确答案，又会区分干扰答案，不但将可能出现的正确选项一一列举，还将互为干扰选项整合到一起，这样设置有利于考生对比区分记忆，大大压缩了考生的复习时间。

注重全局，不搞题海战术。本书中的“真题实训”收集了近几年的真题，可以帮助考生掌握考试命题的规律，也让考生了解命题的方式，准确地把握考试的精髓。在选题上尽量选择那些有代表性、能够起到举一反三作用的题让考生进行自测，做过这些真题后，考生就会恍然大悟，原来考试就是这样命题的。

实战练习，提前进入状态。本书中的“预测试卷”的题量、难易程度和采分点均与标准试卷一致，而且均为经典题目，可帮助考生整体把握考试内容的知识体系，让考生逐步提高“题感”，为考生胸有成竹地步入考场奠定基础。

答疑服务，解决考生疑难。编写组专门为考生配备了专业答疑老师解决疑难问题。

由于编写时间有限，书中不妥之处在所难免，恳请各位考生以及同仁不吝赐教，以便再版时进行修正。

目录

考试介绍

一、报考条件

报考科目	报考条件
考全科	参加4个科目考试（级别为考全科）的人员必须在连续4个考试年度通过应试科目： 1. 取得工学学科门类专业，或者经济学类、管理科学与工程类专业大学专科学历，累计从事工程咨询业务满8年 2. 取得工学学科门类专业，或者经济学类、管理科学与工程类专业大学本科学历或者学位，累计从事工程咨询业务满6年 3. 取得含工学学科门类专业，或者经济学类、管理科学与工程类专业在内的双学士学位，或者工学学科门类专业研究生班毕业，累计从事工程咨询业务满4年 4. 取得工学学科门类专业，或者经济学类、管理科学与工程类专业硕士学位，累计从事工程咨询业务满3年 5. 取得工学学科门类专业，或者经济学类、管理科学与工程类专业博士学位，累计从事工程咨询业务满2年 6. 取得经济学、管理学学科门类其他专业，或者其他学科门类各专业的上述学历或者学位人员，累计从事工程咨询业务年限相应增加2年
考2科	凡符合考全科报考条件并具备下列条件之一者，可免试《宏观经济政策与发展规划》《工程项目组织与管理》科目，只参加《项目决策分析与评价》和《现代咨询方法与实务》2个科目的考试，参加2个科目考试的人员，须在连续2个考试年度内通过应试科目的考试： 1. 获得全国优秀工程咨询成果奖项目或者全国优秀工程勘察设计奖项目的主要完成人 2. 通过全国统一考试取得工程技术类职业资格证书，并从事工程咨询业务工作满8年

二、考试简介

注册咨询工程师（投资）考试设4个科目，分别是《宏观经济政策与发展规划》《工程项目组织与管理》《项目决策分析与评价》《现代咨询方法与实务》。

《宏观经济政策与发展规划》《工程项目组织与管理》《项目决策分析与评价》3个科目为客观题，用2B铅笔在答题纸上作答。《现代咨询方法与实务》科目为主观题，在专用答题卡上作答。应试人员在答题前要认真阅读试卷封二的“应试人员注意事项”和答题卡首页的“作答须知”，使用规定的作答工具在答题卡划定的区域内作答。应试人员应考时，应携带黑色墨水笔、2B铅笔、橡皮和无声无文本编辑存储功能的计算器。

三、考试时间及合格标准

科目	考试时间	题型题量	满分	合格标准
宏观经济政策与发展规划	9:00—11:30	单项选择题60题，多项选择题35题	130	78
工程项目组织与管理	14:00—16:30	单项选择题60题，多项选择题35题	130	
项目决策分析与评价	9:00—11:30	单项选择题60题，多项选择题35题	130	
现代咨询方法与实务	14:00—17:00	案例分析题6题	130	

四、考试成绩管理

考试成绩实行滚动管理办法，参加全部4个科目考试（级别为考全科）的人员须在连续4个考试年度内通过全部科目；免试部分科目（级别为免2科）的人员须在2个考试年度内通过应试科目，方可取得资格证书。

历年考试题型说明

《宏观经济政策与发展规划》考试全部为客观题。题型包括单项选择题和多项选择题两种。其中，单项选择题每题 1 分；多项选择题每题 2 分。对于单项选择题来说，备选项有 4 个，选对得分，选错不得分也不倒扣分。而多项选择题的备选项有 5 个，其中有 2 个或 2 个以上的备选项符合题意，至少有 1 个错项（也就是说正确的选项应该是 2 个、3 个或 4 个）；错选，本题不得分（也就是说所选择的正确选项中不能包含错误的答案，否则得 0 分）；少选，所选的每个选项得 0.5 分（如果所选的正确选项缺项，且没有错误的选项，那么，每选择 1 个正确的选项就可以得 0.5 分）。因此，我们建议考生对于单项选择题，宁可错选，不可不选；对于多项选择题，宁可少选，不可多选。

备考复习方略

一是依纲靠本。考试大纲是命题的依据，也是复习的指南。考生应根据考试大纲的要求，保证有足够多的时间去理解教材中的知识点，有效地把握复习重点，少走弯路。

二是循序渐进。要想取得好的成绩，比较有效的方法是把书看上三遍。第一遍最仔细地看，每一个要点、难点不放过，这个过程时间应该比较长；第二遍看得较快，主要是对第一遍画出来的重要知识点进行复习；第三遍就很快，主要是看第二遍没有看懂或者没有彻底掌握的知识点。为此，建议考生在复习前根据自身的情况，制订一个切合实际的学习计划，依此来安排自己的复习。

三是把握重点。考生在复习时常常可能会过于关注教材上的每个段落、每个细节，没有注意到有些知识点可能跨好几个页码，对这类知识点之间的内在联系缺乏理解和把握，就会导致在做多项选择题时往往难以将所有答案全部选出来，或者由于分辨不清选项之间的关系而将某些选项忽略掉，甚至将两个相互矛盾的选项同时选入。为避免出现此类错误，建议考生在复习时，务必留意这些层级间的关系。每门课程都有其必须掌握的知识点，对于这些知识点，一定要深刻把握，举一反三，以不变应万变。

四是善于总结。善于总结就是在仔细看完一遍教材的前提下，一边看书，一边做总结性的笔记，把教材中每一章的要点都列出来，从而让厚书变薄，并理解其精华所在；要突出全面理解和融会贯通，并不是要求把指定教材的全部内容逐字逐句地死记硬背下来。考生不仅要注意准确把握文字背后的复杂含义，还要注意把不同章节的内容联系起来，能够从整体上对考试科目进行全面掌握。

五是精选资料。复习资料不宜过多，选一两本就行了，多了容易眼花，反而不利于复习。从某种意义上讲，考试就是做题。所以，在备考学习过程中，适当地做一些练习题和模拟题是考试成功必不可少的一个环节。多做练习固然有益，但千万不要舍本逐末，以题代学。练习只是针对所学知识的检验和巩固，千万不能搞题海大战。

在这里提醒考生在复习过程中应注意以下三点：

一是加深对基本概念的理解。对基本概念的理解和应用是考试的重点，考生在复习时要对基本概念加强理解和掌握，对理论性的概念要掌握其要点。

二是把握一些细节性信息、共性信息。每年的真题中都有一些细节性的题目，考生在复习过程中看到这类信息时，一定要提醒自己给予足够的重视。

三是突出应用。考试侧重于对基本应用能力的考查，近年来这个特点有所扩大。

答题技巧

结合多年来的培训经验，我们给考生提出几点要求。

第一个要求就是要做到稳步推进。单项选择题掌握在每题1分钟的速度稳步推进，多项选择题按照每题1.5分钟的速度推进，这样下来，还可以有一定的时间做检查。单项选择题的难度较小，考生在答题时要稍快一点，但要注意准确率；多项选择题可以稍慢一点，但要求稳，以免被“地雷”炸伤。从提高准确率的角度考虑，强烈要求大家，一定要耐着性子把题目中的每一个字读完，常常有考生总感觉到时间不够，一眼就看中一个选项，结果就选错了。这类性急的考生大可不必“心急”，考试的时间是很合理的，也就是说，按照正常的答题速度，规定的考试时间应该有一定的富余，你有什么理由着急呢？

第二个要求就是要预留检查时间。考试时间是富余的，在这种情况下如何提高答题的准确度就显得尤为重要了。提高答题准确度的一个重要方法就是预留检查时间，我们建议考生至少要预留15~20分钟的时间来做最后的检查。从提高检查的效率来看，我们建议考生主要对难题和没有把握的题进行检查。在考场上，考生拿到的是一份试卷，一份答题卡，试卷可以涂写，答题卡不可以涂写，只能用铅笔去涂黑。建议大家在试卷上对一些拿不准的题目，在题号位置标记一个符号，这样在检查时就顺着符号去一个个找。

第三个要求就是要做到心平气和，把握好节奏。这点对考场心理素质不高的考生来讲十分重要。不少考生心理素质不高，考场有犯晕的现象，原本知道的题目却答错了，甚至心里想的是答案A，却涂成了C。怎么避免此类“自毁长城”的事情发生呢？我们这里给大家两点建议：一是不要被前几道题蒙住。有时候你一看到前面几道题，就有点犯晕，拿不准，心里就紧张了，这时候你千万要告诫自己，这只是出题者惯用的手法，先给考生一个下马威，没有关系；二是一定要稳住阵脚。

具体到答题技巧，给大家推荐四种方法：

一是直接法。这是解答常规的客观题所采用的方法，就是选择你认为一定正确的选项。

二是排除法。如果正确答案不能一眼看出，应首先排除明显是不全面、不完整或不正确的选项，正确的选项几乎是直接抄自于考试指定教材或法律法规，其余的干扰选项要靠命题者自己去设计，考生要尽可能多地排除一些干扰选项，这样就可以提高你选择出正确答案而得分的概率。

三是比较法。直接把各备选项加以比较，并分析它们之间的不同点，集中考虑正确答案和错误答案的关键所在。仔细考虑各个备选项之间的关系。不要盲目选择那些看起来像、读起来很有吸引力的错误答案，中了命题者的圈套。

四是猜测法。如果你通过以上方法都无法选择出正确的答案，也不要放弃，要充分利用所学知识去猜测。一般来说，排除的项目越多，猜测正确答案的可能性就越大。

第一章

宏观经济管理

一、本章核心考点分布

- 宏观经济管理
  - 产出的衡量（2017年、2018年、2019年、2021年、2022年）
  - 失业的类型（2019年、2021年）
  - 价格水平变动的衡量（2017年、2019年）
  - 均衡价格（2017年、2018年、2020年、2021年）
  - 影响需求与供给的基本因素（2017年、2018年）
  - 市场失灵与市场效率（2017年、2019年、2020年、2022年）
  - 经济周期中的失业和价格水平（2017年、2018年）
  - 宏观经济政策工具（2017年、2018年、2021年）
  - 经济增长（2018年、2021年、2022年）
  - 市场经济中的国家职能（2017年、2018年、2019年、2020年、2021年、2022年）
  - 总供给（2021年）
  - 国际贸易、资本流动及汇率制度（2019年、2021年、2022年）
  - 宏观调控（2022年）

二、专家剖析考点

1. 宏观经济运行的衡量主要包括三个方面。这一知识点是历年考试的必考内容，本章的采分点主要集中在这里。尤其是产出的衡量最为重要，一定要牢记这一内容。

2. 均衡价格需要理解记忆，重点掌握最高限价与保护价格的影响。

3. 市场经济中价格主要由供给和需求决定，需要掌握供给和需求主要影响因素。

4. 重点掌握实现市场效率的条件及导致市场失灵的情形。

5. 重点掌握经济周期中的失业和价格水平。

6. 宏观经济政策工具包括货币政策和财政政策，货币政策主要包括宽松的货币政策和紧缩的货币政策。货币政策的具体措施几乎是每年的必考点，一般采用多项选择题的形式进行考核。

7. 市场经济中的国家（政府）职责共四方面，在这四项职责中，“针对市场失灵的公共政策”最为重要，在近几年的考试中都有所涉及，应着重掌握，另外调节收入分配也应作为重点掌握内容。

8. 经济增长的要素及促进经济长期增长的政策在近两年的考试中以多项选择题的形式进行过考核。

9. 掌握外汇市场的特征以及汇率变动的影响因素。

10. 了解我国的基本经济制度与宏观调控。

11. 掌握总需求的构成与市场如何解决三大基本问题。

三、本章核心考点必刷题

考点 1　产出的衡量

例 1：产出是反映宏观经济运行的关键变量之一，其衡量指标包括（ABCDEFG）。

A. 国内生产总值　　B. 国民总收入

C. 国内生产净值　　D. 国民净产值

E. 国民收入　　F. 个人收入

G. 个人可支配收入

题号	拓展同类必刷题	答案
1	一个国家（或地区）所有常住单位在一定时期内生产活动的最终成果是（　　）。	A
2	一个国家（或地区）所有常住单位在一定时期内收入初次分配的最终结果是（　　）。	B
3	一个国家（或地区）一定时期内财富存量新增加的部分是（　　）。	CD
4	体现一个国家（或地区）一定时期内生产要素收入的是（　　）。	E
5	一国以当年价格计算的个人一年内所得到的收入总和是（　　）。	F

考点点评

1. 了解与国内生产总值相关的三个概念：名义 GDP、实际 GDP 以及潜在 GDP。这三个概念曾多次进行过考核。

2. 掌握国内生产总值的三种统计核算方法：生产法、收入法和支出法。

例 2：国内生产总值的生产法统计计算公式是（A）。

A. 第一产业（企业）增加值 + 第二产业（企业）增加值 + 第三产业（企业）增加值

B. 工资 + 租金 + 利息 + 利润 + 折旧 + 间接税

C. 消费 + 投资 + 政府购买 + 净出口

D. 国内生产总值 + 来自国外的要素收入 − 向国外的要素支付

E. 国民生产净值 − 企业间接税

F. 国民收入 − 公司未分配利润 − 社会保险税 − 净利息 + 红利 + 政府向个人的转移支付 + 个人利息收入

G. 个人收入 − 个人税收支付

H. 国内生产总值 − 折旧

I. 国民生产总值 − 折旧

题号	拓展同类必刷题	答案
1	国内生产总值的收入法统计计算公式是（　　）。	B
2	国内生产总值的支出法统计计算公式是（　　）。	C

（续）

题号	拓展同类必刷题	答案
3	国民总收入的计算公式为（　　）。	D
4	国民收入的计算公式为（　　）。	E
5	个人收入的计算公式为（　　）。	F
6	个人可支配收入的计算公式为（　　）。	G
7	国内生产净值的计算公式为（　　）。	H
8	国民净产值的计算公式为（　　）。	I

考点2　失业的类型

例：因社会总支出和产出下降，对劳动整体需求减少引起的失业称为（C）。

A. 摩擦性失业　B. 结构性失业　C. 周期性失业　D. 自愿失业

E. 非自愿失业

题号	拓展同类必刷题	答案
1	由于人们在各地区之间迁移、各种工作岗位变动而产生的失业被称为（　　）。	A
2	由于劳动力的供给与需求不匹配所导致的失业被称为（　　）。	B
3	许多地区和职业的劳动市场同时呈现失业率上升，是（　　）的标志。	C
4	根据劳动市场上失业的产生原因，可将其分为（　　）。	ABC
5	根据就业意愿的不同，失业可分为（　　）。	DE

考点点评

关于失业与就业还需要掌握以下几点内容：

1. 充分就业≠零失业率。
2. 充分就业失业率为周期性失业率为零时的失业率。
3. 充分就业失业率＝摩擦性失业率＋结构性失业率。

考点3　价格水平变动的衡量

例1：年物价水平上升速率在10%以内的通货膨胀被称为（A）。

A. 温和的通货膨胀　B. 严重的通货膨胀

C. 恶性的通货膨胀　D. 需求拉动型通货膨胀

E. 成本推动型通货膨胀　F. 需求拉动与成本推动相互作用型通货膨胀

G. 结构性通货膨胀

题号	拓展同类必刷题	答案
1	年物价水平上升速率在10%～100%的通货膨胀被称为（　　）。	B
2	年物价水平上升速率超过100%的通货膨胀被称为（　　）。	C
3	总需求过度增长并远远超过总供给所引起的通货膨胀是（　　）。	D
4	在没有超额需求的情况下由于供给方面成本的提高所引起的一般价格水平持续和显著上涨的通货膨胀是（　　）。	E
5	由于总需求和总供给两方面因素的共同作用所引起的一般价格水平上涨的通货膨胀称为（　　）。	F
6	经济结构不平衡引起的一般物价水平的持续上涨称为（　　）。	G
7	按照价格上升的速度，通货膨胀可分为（　　）。	ABC

例 2：通常用于衡量经济体生产的所有物品和劳务价格水平变动的指标是（B）。

A. 消费价格指数　　B. GDP 平减指数　　C. 生产价格指数

题号	拓展同类必刷题	答案
1	衡量普通消费者购买一组固定消费品价格变动的指标是（　）。	A
2	衡量生产或批发环节的价格指标是（　）。	C
3	按照消费者预算支出中的比例确定的衡量价格水平变动的指标是（　）。	A
4	在衡量价格水平变动的指标中，随不同产品的份额而改变的是（　）。	B

考点点评

本考点的考核频次非常高，大家一定要掌握。上述 3 个指数中，GDP 平减指数与生产价格指数考核的概率更大。

考点 4　均衡价格

例 1：下列关于均衡价格的说法，正确的有（ABCDEFGH）。

A. 均衡价格是指一种商品需求量与供给量相等时的价格

B. 如果市场价格高于均衡价格，市场上出现超额供给

C. 如果市场价格低于均衡价格，市场上出现超额需求

D. 当需求增加时，会引起均衡价格上升，均衡产量增加

E. 当需求减少时，会引起均衡价格下降，均衡产量减少

F. 当供给增加时，会引起均衡价格下降，均衡产量增加

G. 当供给减少时，会引起均衡价格上升，均衡产量减少

H. 供给变动引起均衡价格反方向变动，均衡产量同方向变动

考点点评

在考核过程中，选项 B、C 可互为干扰项。选项 D、E、F、G 也可互为干扰项，如果想将选项 D 改错的话可能会这样表述："当需求增加时，会引起均衡价格下降，均衡产量减少"。

例 2：当实行最高限价时，市场上可能出现的现象有（ACEFG）。

A. 市场短缺　　B. 市场过剩　　C. 排队　　D. 变相降价

E. 以次充好　　F. 缺斤短两　　G. 变相涨价

考点点评

很明显选项 B、D 是与选项 A、G 完全相反的现象，市场过剩与变相降价便是当实行最低限价（保护价格）时市场上可能出现的现象。

考点 5　影响需求与供给的基本因素

例：在市场上，影响某种商品需求的基本因素有（ABCDEFGHIJ）。

A. 消费者偏好　　B. 消费者的个人收入　　C. 产品（或服务）价格

D. 替代品的价格　　E. 互补品的价格　　F. 预期

G. 商品的品种、质量　　H. 商品的广告宣传　　I. 地理位置、季节

J. 国家政策　　K. 生产成本　　L. 生产技术

M. 生产要素供求变化　　N. 相关产品的价格

题号	拓展同类必刷题	答案
1	在市场上，影响供给的基本因素有（　　）。	CFJKLMN

考点点评

1. 需求与供给的影响因素是历年考试的考核重点，特别是影响供给的基本因素考核次数最多。

2. 除了影响因素外还需要掌握以下内容：

需求规律：价格与需求数量间的反向变化。

供给规律：价格与供给数量间的正向变化。

考点 6　市场失灵与市场效率

例 1：现实市场经济中，市场机制在一些场合不能导致资源的最优配置，这种情况称为市场失灵。导致市场失灵的情况有（ABCD）。

A. 不完全竞争　　B. 存在外部性　　C. 存在公共物品　　D. 信息不完全和不对称

考点点评

1. 市场失灵是市场资源未达到最优配置的结果，那么资源配置达到理想状态时是什么样子的呢？这就是帕累托效率状态。

2. 完全竞争市场是市场效率实现的前提。

3. 外部性按经济活动主体的不同分为：生产的正外部性、生产的负外部性；消费的正外部性、消费的负外部性。也是很好的采分点。

4. 不完全竞争市场分为垄断市场、寡头市场和垄断竞争市场。

5. 应掌握公共物品的特点。与公共物品相对应的是私人物品，二者的特点要注意区分。

例 2：下列属于完全竞争市场特征的有（ABCDE）。

A. 有大量的买者和卖者

B. 市场上同种商品的每一个厂商生产的产品是无差异的

C. 所有的经济资源在各行业间完全自由流动

D. 市场上从事交易的每一个人掌握的信息是完全的

E. 经济主体是完全理性的

考点点评

完全竞争市场的特点可能会以多项选择题的形式进行考核，大家应注意。

考点 7　经济周期中的失业和价格水平

例：下列关于经济周期中的失业和价格水平的说法，正确的有（ABCDEFG）。

A. 当经济处于潜在产出水平以下时，实际失业率高于自然失业率

B. 当经济处于潜在产出水平时，实际失业率等于自然失业率

C. 当经济处于潜在产出水平以上时，实际失业率低于自然失业率

D. 当经济处于潜在产出水平以上，接近最大产出能力时，经济难于或无法供给更多的资源

E. 当经济处于潜在产出水平以上，达到最大产出能力时，需求的扩张只会带来价格的急剧跳升，而无法带来产出的增加

F. 当经济明显处于潜在产出水平以下，远离充分就业状态时，会伴随通货紧缩或受其威胁

G. 当经济接近或处于潜在产出水平时，价格水平上涨的节奏会加快

考点点评

关于经济周期还应掌握经济衰退与经济萧条的概念，两者可对比记忆。

考点8　宏观经济政策工具

例1： 宏观经济政策工具包括货币政策和财政政策。针对由于总需求不足导致的失业与衰退局面，中央银行会采取宽松的货币政策。下列属于宽松货币政策具体措施的有（ACE）。

A. 在公开市场上购买政府债券
B. 在公开市场上出售政府债券
C. 降低准备金率
D. 提高准备金率
E. 降低贴现率
F. 提高贴现率
G. 增加政府开支
H. 减税
I. 削减政府支出
J. 加税
K. 自动或内在稳定器
L. 税收、补贴
M. 赤字、国债

题号	拓展同类必刷题	答案
1	针对由于总需求过剩导致的通货膨胀局面，中央银行会采取紧缩的货币政策。下列属于紧缩货币政策具体措施的有（　　）。	BDF
2	当出现经济萧条时，政府可采用扩张性的财政政策，其具体措施包括（　　）。	GH
3	当发生需求拉动型通货膨胀时，紧缩性财政政策有助于控制通货膨胀。其具体措施包括（　　）。	IJ
4	非酌情使用的财政政策措施是（　　）。	K
5	财政政策主要通过（　　）、收入分配和转移支付等手段对经济运行进行调节。	LM

例2： 当存在巨额贸易逆差时，在其他条件不变的情况下，宽松的货币政策能够（ACEG）。

A. 降低利率
B. 提高利率
C. 使本币贬值
D. 使本币升值
E. 导致出口增加、进口下降
F. 导致出口下降、进口增加
G. 有助于恢复贸易平衡

题号	拓展同类必刷题	答案
1	当存在巨额贸易顺差时，在其他条件不变的条件下，紧缩的货币政策能够（　　）。	BDFG

考点9　经济增长

例： 促进经济长期增长的政策措施有（ABCDEF）。

A. 增加国家人力资源储备的教育和培训投资
B. 鼓励技术进步
C. 鼓励创新
D. 加强知识产权保护
E. 加大对公共教育基础设施建设、研究基金、基础教育、技能培训等方面的支出
F. 实施有助于增加国民储蓄、投资和研究开发活动的税收政策

考点点评

1. 关于经济增长这一考点，除了掌握政策措施外还需要知道经济增长的要素与源泉。其中，技术进步（提高要素生产率）是经济持续增长的最根本的源泉。

2. 经济增长的四大要素：人力资源、自然资源、资本和技术。

3. 衡量经济增长的指标包括哪四项，也是需要了解的点。

考点10　市场经济中的国家职能

例： 市场经济中的国家职能包括（ABCDEFGHIJKLMNO）。

A. 用法律制度维护市场经济秩序
B. 制定反垄断法
C. 实行价格管制
D. 设立公共企业
E. 对产生负外部性的活动征税
F. 提供消除负外部性的激励措施
G. 转让产生负外部性的权力
H. 规范经济主体的行为
I. 初次分配
J. 收入税
K. 财产税
L. 社会缴纳和社会福利
M. 转移收支
N. 稳定经济
O. 二次分配

题号	拓展同类必刷题	答案
1	市场经济中的国家职能包括用法律制度维护市场经济秩序、矫正市场失灵、调节收入、稳定经济四个方面。下列属于矫正市场失灵方面职能的有（　　）。	BCDEFGH
2	针对不完全竞争市场，政府可采取的对策有（　　）。	BCD
3	负外部性问题的根源在于私人成本不等于社会成本，解决这个问题的核心是使行为主体造成的社会成本内部化，通常采取的对策有（　　）。	EFGH
4	在针对市场失灵的公共政策中，（　　）可以通过设定最高利润率、固定资本收益率、最高价格（限价）等方式进行。	C
5	国民收入二次分配是在初次分配的基础上，各收入主体之间通过各种渠道实现转移的收入再次分配，再分配转移渠道包括（　　）。	JKLM
6	国民收入最终分配结果主要通过（　　）达成。	IO
7	在国民收入再分配转移渠道中，（　　）是指政府通过所得税、利润税、资本收益税等对初次分配收入进行流量调节。	J
8	在国民收入再分配转移渠道中，（　　）是指政府通过房产税、遗产税等对居民收入进行存量调节。	K

考点点评

1. 掌握解决外部性问题的核心是使行为主体造成的社会成本内部化，政府可以采取的政策措施有哪些。

2. 纯公共物品要通过公共部门预算来提供。

3. 国民收入分配中，三次分配是对初次分配和二次分配的有益补充，有利于缩小社会差距，实现更合理的收入分配。

考点11　总供给

例： 总供给是在其他条件不变的情况下，经济体内的企业在每一个价格水平上所愿意生产和出售的商品和服务的数量。总供给按照供给物形态不同可分为（BD）。

A. 消费品供给
B. 产品供给
C. 投资品供给
D. 服务供给
E. 国内供给
F. 国外供给

题号	拓展同类必刷题	答案
1	总供给按照最终用途不同可分为（　　）。	AC
2	总供给按照来源不同可分为（　　）。	EF

考点点评

1. 除了分类外还应掌握总供给变动的决定因素。总供给变动基本取决于：潜在产出和投入成本。

2. 本考点例题的题干部分还包含一个单项选择题的采分点——总供给的概念，这里需要考生理解记忆。

考点12　国际贸易、资本流动及汇率制度

例1： 国际贸易是指一个国家（或地区）同其他国家（或地区）在商品和劳务等方面进行的交换活动。根据货物移动方向，国际贸易可分为（ABC）。

A. 出口贸易
B. 进口贸易
C. 过境贸易
D. 货物贸易
E. 服务贸易

题号	拓展同类必刷题	答案
1	按照贸易品物质形态，国际贸易可分为（　　）。	DE

考点点评

除了国际贸易的分类还应当知道国际贸易政策包括自由贸易政策以及保护贸易政策。

例2： 国际资本流动指的是资本在国际转移。按照资本流动的方向，国际资本流动可分为（AB）。

A. 资本流入
B. 资本流出
C. 长期资本流动
D. 短期资本流动

题号	拓展同类必刷题	答案
1	按照资本的使用期限，国际资本流动可分为（　　）。	CD
2	使用期限在1年以上或未规定使用期限的资本流动被称为（　　）。	C
3	在国际资本流动的类型中，（　　）包括国际直接投资、国际证券投资和国际贷款三种主要方式。	C
4	期限为1年或1年以内或即期支付资本的流入与流出被称为（　　）。	D
5	在国际资本流动的类型中，（　　）主要包括贸易资本流动、银行资金调拨、保值性资本流动、投机性资本流动。	D

例3： 汇率制度可分为（ABCD）。

A. 固定汇率制度
B. 可调整的钉住汇率制度
C. 有管理的浮动汇率制度
D. 浮动汇率制度

题号	拓展同类必刷题	答案
1	货币当局把本币与某种外币的比价固定在某个水平上的汇率制度是（　　）。	A
2	政府预先确定、公开承诺，并用干预市场的方法而得到的本国货币与某种主要外币的法定平价和允许汇率上下波动幅度的汇率制度是（　　）。	B

（续）

题号	拓展同类必刷题	答案
3	在汇率制度的主要类型中，（　　）的汇率长期走势不受政府管理的影响而是由市场供求关系所决定的，但汇率的短期波动受到货币当局干预的影响。	C
4	目前，世界上多数国家实行的汇率制度是（　　）。	C
5	在汇率制度的主要类型中，（　　）的本币与外币的比价由市场自行调节，政府既不规定本国货币与外国货币的兑换比例，也不限定汇率波动幅度。	D

考点13　宏观调控

例：下列关于宏观调控的说法中，正确的有（ABCDEF）。

A. 宏观调控是宏观经济管理的核心内容

B. 宏观调控的主要目标是以保持总量平衡，促进宏观经济持续健康增长

C. 宏观调控目标主要包括充分就业、物价稳定、经济增长和国际收支平衡

D. 宏观调控的主要任务是保持经济总量平衡，促进重大经济结构协调和生产力布局优化，减缓经济周期波动影响，防范区域性、系统性风险，稳定市场预期，实现经济持续健康发展

E. 宏观调控机制包括实施宏观调控的框架和手段

F. 构建有效协调的宏观调控新机制是新时代创新政府管理和服务方式，完善宏观经济治理体制的客观要求

考点点评

宏观调控的相关内容在今后考查的可能性还是很大的。关于宏观调控的可考采分点很多，重点掌握以下两个：

1. 宏观调控的目标有哪些？
2. 我国宏观调控的主要任务是什么？

四、本章真题实训

1. 【2022年真题】在我国宏观调控中，发挥兜底功能的政策是（　　）。

A. 投资政策　　B. 民生政策

C. 财政政策　　D. 产业政策

2. 【2022年真题】市场竞争环境促使生产者不断追求技术进步，降低要素组合成本，提高资源利用效率。由此，市场自动解决了任何经济体都会面对的一个基本问题，该问题是（　　）。

A. 为谁生产　　B. 生产什么

C. 如何生产　　D. 生产多少

3. 【2022年真题】关于纯公共物品的说法，正确的是（　　）。

A. 只能通过公共部门预算提供　　B. 必定由公共部门生产

C. 只能通过市场提供　　D. 政府部门给予补贴的前提下，由市场提供

4. 【2022年真题】下列影响因素中，作为经济持续增长最根本源泉的是（　　）。

A. 土地　　B. 劳动

C. 资本　　D. 技术进步

5. 【2021年真题】国内生产净值（NDP）的计算公式为（　　）。

A. 国民生产净值－间接税
B. 国民生产总值－折旧
C. 国内生产总值－间接税
D. 国内生产总值－折旧

6.【2021 年真题】关于自然失业率说法错误的是（　　）。
A. 自然失业率是周期性失业率为零时的失业率
B. 自然失业率等于摩擦性失业率与结构性失业率之和
C. 自然失业率就是充分就业时的失业率
D. 自然失业率等于摩擦性失业率＋结构性失业率＋周期性失业率

7.【2020 年真题】市场价格低于均衡价格，市场将会出现（　　）。
A. 变相降价
B. 超额供给
C. 供求不变
D. 超额需求

8.【2020 年真题】私人物品具有的特点是（　　）。
A. 非排他性、非竞争性
B. 非排他性、竞争性
C. 排他性、非竞争性
D. 排他性、竞争性

9.【2019 年真题】下列属于收入法计算 GDP 公式的是（　　）。
A. GDP＝第一产业（企业）增加值＋第二产业（企业）增加值＋第三产业（企业）增加值
B. GDP＝工资＋租金＋利息＋利润＋折旧＋间接税
C. GDP＝消费＋投资＋政府购买＋净出口
D. GDP＝国民总收入－来自国外的要素收入＋向国外的要素支付

10.【2019 年真题】由于人们在各地区之间迁移、各种工作岗位变动而产生的失业是（　　）。
A. 结构性失业
B. 摩擦性失业
C. 周期性失业
D. 非自愿失业

11.【2019 年真题】某地区年物价水平上升速率为 12%，属于（　　）。
A. 温和的通货膨胀
B. 严重的通货膨胀
C. 恶性的通货膨胀
D. 无法判断

12.【2019 年真题】作为衡量价格水平变动的指标，GDP 平减指数是指（　　）。
A. 名义 GDP ÷ 实际 GDP
B. 实际 GDP ÷ 名义 GDP
C. 名义 GDP ÷ 潜在 GDP
D. 实际 GDP ÷ 潜在 GDP

13.【2018 年真题】商品的市场需求是指在一定时间内和一定价格条件下（　　）。
A. 消费者的消费欲望
B. 消费者对价格的满意程度
C. 消费者的支付能力
D. 消费者愿意并能够购买的数量

14.【2018 年真题】均衡价格是指一种商品需求量与供给量相等时的价格。如果市场价格高于均衡价格时，市场上会出现（　　）。
A. 供给不足
B. 超额需求
C. 超额供给
D. 供需两旺

15.【2022 年真题】下列市场现象中，会导致市场失灵的有（　　）。
A. 完全竞争
B. 外部性
C. 公共物品
D. 信息不完全和不对称
E. 全球化

16.【2022 年真题】国内生产总值的计算方法有（　　）。
A. 成本法
B. 生产法
C. 收入法
D. 基数法
E. 支出法

17.【2022 年真题】在国际资本流动中，长期资本流动的主要方式有（　　）。
A. 国际直接投资
B. 贸易资本流动

C. 国际证券投资

D. 国际贷款

E. 保值性资本流动

18.【2021 年真题】促进经济长期增长的政策措施有（　　）。

A. 加大教育和培训投资

B. 技能培训

C. 强化知识产权保护

D. 制定能够增加研发的税收政策

E. 增加准备金

19.【2019 年真题】宏观政策体系中的财政政策，主要通过（　　）等手段对经济运行进行调节。

A. 税收　B. 补贴　C. 奖励　D. 支出　E. 国债

20.【2018 年真题】影响某种商品需求的基本因素有（　　）。

A. 消费者偏好

B. 消费者收入

C. 商品价格

D. 替代品的价格

E. 生产成本

21.【2018 年真题】当总需求不足时，中央银行通常会采用宽松的货币政策，其具体措施包括（　　）。

A. 在公开市场上购买政府债券

B. 降低准备金率

C. 降低贴现率

D. 增加央行票据发行

E. 提高基准利率

五、本章真题实训答案及解析

1. B。实施就业优先政策，需要发挥民生政策兜底功能。

2. C。“如何生产”是指生产者如何组合配置资源。市场竞争环境促使生产者不断追求技术进步，降低要素组合成本，提高资源利用效率。由此，市场自动解决了“如何生产”的问题。

3. A。纯公共物品要通过公共部门预算来提供。选项 B、C、D 表述过于绝对。

4. D。选项 A、B、C 均构成经济增长的源泉。技术进步（提高要素生产率）是经济持续增长的最根本的源泉。

5. D。国内生产净值与国民生产净值是一个国家或地区一定时期内财富存量新增加的部分。国内生产净值（NDP）＝国内生产总值－折旧。

6. D。充分就业失业率又被称作自然失业率。充分就业失业率等于摩擦性失业率与结构性失业率之和。故选项 D 说法错误。

7. D。市场价格低于均衡价格，市场上出现超额需求，超额需求将会使市场价格趋于上升至均衡价格。

8. D。私人物品具有的特点：第一是“排他性”；第二是“竞争性”。

9. B。从收入方面统计 GDP（收入法），国内生产总值（GDP）＝工资＋租金＋利息＋利润＋折旧＋间接税。

10. B。由于人们在各地区之间迁移、各种工作岗位变动而产生的失业称为摩擦性失业。

11. B。严重的通货膨胀，年物价水平上升速率在 10%～100%。故上升速率为 12% 属于严重的通货膨胀。

12. A。GDP 平减指数是名义 GDP 和实际 GDP 的比率。

13. D。市场需求是指在一定时间内和一定价格条件下，所有消费者对某种商品或服务愿意并能够购买的数量。

14. C。如果市场价格高于均衡价格，市场上会出现超额供给，使市场价格趋于下降至均衡价格。

15. BCD。可能导致“市场失灵”的情况如下：不完全竞争；外部性；公共物品；信息不完全和不对称。

16. BCE。在实际核算中，国内生产总值的计算方法包括生产法、收入法和支出法。

17. ACD。长期资本流动包括国际直接投资、国际证券投资和国际贷款三种主要方式。贸易资本流动与保值性资本流动属于短期资本流动。

18. ABCD。促进经济长期增长的主要的政策措施有：①增加国家人力资源储备的教育和培训投资，故选项 A 正确；②鼓励技术进步，鼓励创新，知识产权保护，故选项 C 正确；③加大对包括公共教育基础设施建设、研究基金、基础教育、技能培训等方面的支出，故选项 B 正确；④实施有助于增加国民储蓄、投资和研究开发活动的税收政策，故选项 D 正确。

19. ABE。财政政策主要通过税收、补贴、赤字、国债、收入分配和转移支付等对经济运行进行调节。

20. ABCD。影响需求的基本因素主要包括消费者的偏好、消费者的个人收入、产品的价格、替代品的价格、互补品的价格、预期、其他因素。

21. ABC。总需求不足时，中央银行会采取宽松的货币政策。措施包括在公开市场上购买政府债券，降低准备金率，降低贴现率。

六、本章同步练习

（一）单项选择题（每题 1 分。每题的备选项中，只有 1 个符合题意）

1. 如果 A 商品的价格上涨，需求量下降，必然引起 B 商品的需求量下降，则说明 A、B 两种商品是（　　）。

A. 无关商品　　B. 互补商品

C. 相互可替代商品　　D. 无价格弹性商品

2. 在对生活必需品持续实行最高限价后，政府往往不得不（　　）；当实行保护价格时，会出现过剩现象，如果没有伴随政府收购，就会出现变相降价。

A. 放弃保护价格或实行配给制　　B. 实行保护价格或政府采购

C. 实行最高限价或政府采购　　D. 放弃最高限价或实行配给制

3. 衡量一国产出最全面的指标是（　　）。

A. 国内生产总值　　B. 国际生产总值

C. 国民生产总值　　D. 工农业总产值

4. 刚从学校毕业的学生正在寻找工作，刚刚生育后的母亲正在寻找工作，或者离开原岗位试图寻找更好的工作等属于失业类型中的（　　）。

A. 摩擦性失业　　B. 结构性失业

C. 非自愿性失业　　D. 周期性失业

5. 经济周期性波动通常是由（　　）引起的。

A. 总供给的波动　　B. 总需求的变动

C. 贸易顺差　　D. 贸易逆差

6. 在充分竞争市场上，一种商品需求量与供给量相等时的价格，在经济学上称为（　　）。

A. 保护价格　　B. 垄断价格

C. 生产价格　　D. 均衡价格

7. 我国宏观调控中，双支柱调控框架指的是健全（　　）。

A. 货币政策和宏观审慎政策　　B. 民生政策和宏观审慎政策

C. 货币政策和民生政策　　D. 财政政策和就业优先政策

8. 下列对策中，不属于针对市场失灵中不完全竞争（垄断）对策的是（　　）。

A. 可转让产生负外部性的权力　　B. 制定反垄断法

C. 设立公共企业　　D. 实行价格管制

9. 下列国民收入渠道中，属于初次分配渠道的是（　　）。

A. 社会缴款和社会福利　　B. 财产税

C. 收入税　　D. 通过市场机制按要素的贡献分配

10. 如若某年消费物价指数由2%左右上升到8%，根据经济学对通货膨胀的分类，这次价格上涨属于（　　）通货膨胀。

A. 温和的　　B. 严重的　　C. 恶性的　　D. 奔腾的

（二）多项选择题（每题2分。每题的备选项中，有2个或2个以上符合题意，至少有1个错项。错选，本题不得分；少选，所选的每个选项得0.5分）

1. 影响总需求变动的因素中，属于外生变量的有（　　）。

A. 国外产出　　B. 货币政策　　C. 资产价值　　D. 财政政策

E. 技术进步

2. 影响供给的基本因素包括（　　）。

A. 生产技术　　B. 相关产品的价格　　C. 产品价格　　D. 生产成本

E. 消费者偏好

3. 从支出方面统计GDP（支出法），国内生产总值（GDP）等于（　　）的汇总。

A. 消费　　B. 投资　　C. 政府购买　　D. 净出口

E. 来自国外的要素收入

4. 衡量价格水平变动的指标主要有（　　）。

A. 收入水平指数　　B. GNP平减指数　　C. 消费价格指数　　D. GDP平减指数

E. 生产价格指数

5. 当对一种商品实行保护价格时，市场上可能出现的现象有（　　）。

A. 政府收购　　B. 供给过剩　　C. 缺斤短两　　D. 实行配给制

E. 变相降价

七、本章同步练习答案

（一）单项选择题

1. B	2. D	3. A	4. A	5. B
6. D	7. A	8. A	9. D	10. A

（二）多项选择题

1. ACE	2. ABCD	3. ABCD	4. CDE	5. BE

第二章

投资体制与投资政策

一、本章核心考点分布

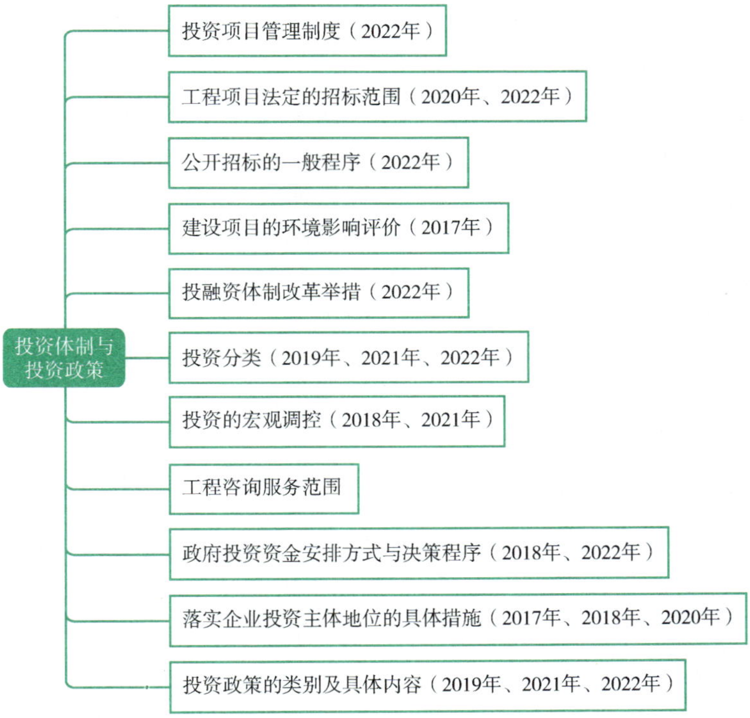

二、专家剖析考点

1. 熟悉投资项目管理制度有哪些。

2. 掌握公开招标中投标、开标、评标及中标的部分要点。

3. 重点掌握必须进行招标的工程建设项目及必须实行监理的建设工程范围，这部分内容通常会以多项选择题的形式进行考核。

4. 对投融资体制改革的考核题型多为单项选择题，一般会占 2 分。

5. 掌握政府投资资金安排方式与决策程序。

6. 投资分类和落实企业投资主体地位的具体措施为必须掌握的重点。

7. 掌握投资政策的类别及其内容。

三、本章核心考点必刷题

考点1　投资项目管理制度

例：我国目前实施的投资项目管理制度有（ABCDE）。

A. 项目资本金制度　　B. 项目法人责任制

C. 招标投标制度　　D. 工程监理制度

E. 合同管理制度

题号	拓展同类必刷题	答案
1	《关于加强基础设施建设项目管理确保工程安全质量的通知》（发改投资规〔2021〕910号）明确提出，严格执行项目管理制度和程序，落实（　　）。	BCDE

考点2　工程项目法定的招标范围

例：根据《中华人民共和国招标投标法》《必须招标的工程项目规定》和《必须招标的基础设施和公用事业项目范围规定》，必须进行招标的工程项目有（ABC）。

A. 大型基础设施、公用事业等关系社会公共利益、公众安全的项目

B. 全部或者部分使用国有资金投资或者国家融资的项目

C. 使用国际组织或者外国政府贷款、援助资金的项目

D. 涉及国家安全、国家秘密、抢险救灾的项目

E. 属于利用扶贫资金实行以工代赈、需要使用农民工等特殊情况的项目

F. 需要采用不可替代的专利或者专有技术的项目

G. 采购人依法能够自行建设、生产或者提供的项目

H. 已通过招标方式选定的特许经营项目投资人依法能够自行建设、生产或者提供的项目

I. 需要向原中标人采购工程、货物或者服务，否则将影响施工或者功能配套要求的项目

J. 技术复杂、有特殊要求或者受自然环境限制，只有少量潜在投标人可供选择的项目

K. 采用公开招标方式的费用占项目合同金额的比例过大的项目

题号	拓展同类必刷题	答案
1	下列工程项目可以不进行招标的有（　　）。	DEFGHI
2	国有资金占控股或者主导地位的依法必须进行招标的项目，应当公开招标；但有（　　）的情形，可以邀请招标。	JK

考点3　公开招标的一般程序

例：依法必须进行招标的项目，其评标委员会由招标人的代表和有关技术、经济等方面的专家组成，成员人数为（B）人以上单数。

A. 3　　B. 5　　C. 15　　D. 30　　E. 2/3　　F. 10%

题号	拓展同类必刷题	答案
1	投标人少于（　　）个的，不得开标；招标人应当重新招标。	A
2	依法必须进行招标的项目，招标人应当自收到评标报告之日起3日内公示中标候选人，公示期不得少于（　　）日。	A
3	中标候选人应当不超过（　　）个，并标明排序。	A

（续）

题号	拓展同类必刷题	答案
4	依法必须进行招标的项目，招标人应当自确定中标人之日起（　　）日内，向有关行政监督部门提交招标投标情况的书面报告。	C
5	招标人和中标人应当自中标通知书发出之日起（　　）日内，按照招标文件和中标人的投标文件订立书面合同。	D
6	评标委员会成员中技术、经济等方面的专家不得少于成员总数的（　　）。	E
7	履约保证金不得超过中标合同金额的（　　）。	F

考点4　建设项目的环境影响评价

例：《中华人民共和国环境影响评价法》规定，国家根据建设项目对环境的影响程度，对建设项目的环境影响评价实行分类管理。对于可能造成重大环境影响的，应当（AD）。

A. 编制环境影响报告书
B. 编制环境影响报告表
C. 填报环境影响登记表
D. 对产生的环境影响进行全面评价
E. 对产生的环境影响进行分析或者专项评价
F. 不需要进行环境影响评价

题号	拓展同类必刷题	答案
1	《中华人民共和国环境影响评价法》规定，国家根据建设项目对环境的影响程度，对建设项目的环境影响评价实行分类管理。对于可能造成轻度环境影响的，应当（　　）。	BE
2	《中华人民共和国环境影响评价法》规定，国家根据建设项目对环境的影响程度，对建设项目的环境影响评价实行分类管理。对于环境影响很小的，应当（　　）。	CF

考点点评

以上画线部分也要掌握，可能会对这些内容进行考查。

考点5　投融资体制改革举措

例：深化投融资体制改革需落实企业投资主体地位，为此应采取的措施包括（ABC）。

A. 深化企业投资项目承诺制改革
B. 建立健全“三个清单”动态管理机制
C. 优化管理流程
D. 明确界定政府投资范围
E. 规范政府投资决策程序
F. 优化政府投资报批流程
G. 严格项目实施和事中事后监管
H. 大力发展直接融资
I. 充分发挥政策性、开发性金融机构积极作用
J. 完善保险资金等机构资金对项目建设的投资机制
K. 加快构建更加开放的投融资体制

题号	拓展同类必刷题	答案
1	深化投融资体制改革需完善政府投资体制，为此应采取的措施有（　　）。	DEFG
2	深化投融资体制改革需创新融资机制，为此应采取的措施有（　　）。	HIJK

考点点评

注意以下两点：

1. 政府投资资金应当投向市场不能有效配置资源的社会公益服务、公共基础设施、农业农村、生态环境保护、重大科技进步、社会管理、国家安全等公共领域的项目。

2. 政府投资以非经营性项目为主。

考点6　投资分类

例：投资按其具体形式可分为（AB）。

A. 固定资产投资　B. 存货投资　C. 总投资　D. 净投资　E. 重置投资
F. 引致投资　G. 自发投资　H. 有形投资　I. 无形投资

题号	拓展同类必刷题	答案
1	企业用来增加新厂房、新设备、营业用建筑物以及住宅建筑物的支出被称为（　）。	A
2	虽然在国民经济核算中所占比重较小，但通常将其作为判断国民经济变化的重要先行指标的是（　）。	B
3	不受国民收入和消费水平影响，而是由人口、技术、资源、政府政策等外生变量所引起的投资是（　）。	G
4	新发明、新技术、新产品开发投资属于（　）。	G
5	受国民收入影响，随国民收入变化而变动的投资是（　）。	F
6	对使用期限超过1年且单位价值在规定标准以上的房屋、建筑物及设备工器具等资产的投资是（　）。	H

考点点评

大家需要注意总投资、净投资以及重置投资三者间的关系：

净投资 = 总投资 − 重置投资

考点7　投资的宏观调控

例：在社会主义市场经济条件下，我国投资宏观调控以间接调控方式为主，其主要手段有（ABCDEFGHIJKLMN）。

A. 货币政策　B. 金融政策　C. 财政政策　D. 投资政策
E. 产业政策　F. 地区政策　G. 利率　H. 汇率
I. 税收　J. 制定国民经济和社会发展中长期规划
K. 制定重点领域专项规划和重点区域专项发展规划
L. 建设国家和地方重大建设项目库
M. 行政手段　N. 法律手段

题号	拓展同类必刷题	答案
1	经济政策是我国投资宏观调控的手段之一，其内容主要包括（　）。	ABCDEF
2	经济杠杆是我国投资宏观调控的手段之一，其内容主要包括（　）。	GHI
3	在投资宏观调控的实现手段中，属于计划指导和信息引导方面的有（　）。	JKL

考点点评

关于投资宏观调控还需要知道：

1. 投资宏观调控的最终目标与国民经济宏观调控的最终目标相一致（均为促进经济增长、充分就业、物价稳定与国际收支平衡，实现国民经济持续、稳定、协调发展）。

2. 投资宏观调控的五项主要任务是哪五项，大家需要记忆。

考点 8　工程咨询服务范围

例：工程咨询服务范围包括规划咨询、项目咨询、评估咨询以及全过程工程咨询。其中，规划咨询包含（ABCD）的编制。

A. 总体规划　　B. 专项规划　　C. 区域规划
D. 行业规划　　E. 项目建议书　　F. 项目可行性研究报告
G. 项目申请报告　　H. 资金申请报告　　I. PPP 项目实施方案
J. 初步设计

题号	拓展同类必刷题	答案
1	工程咨询服务范围包括规划咨询、项目咨询、评估咨询以及全过程工程咨询。其中，项目咨询包含（　　）的编制以及 PPP 项目咨询等。	EFGH
2	工程咨询服务范围中的评估咨询应包括各级政府及有关部门委托的对规划、项目建议书以及（　　）的评估。	FGHIJ

考点 9　政府投资资金安排方式与决策程序

例：政府投资资金按项目安排，以（A）方式为主。

A. 直接投资　　B. 资本金注入
C. 投资补助　　D. 贷款贴息

题号	拓展同类必刷题	答案
1	根据《中共中央　国务院关于深化投融资体制改革的意见》，政府投资原则上不支持经营性项目。对确需支持的经营性项目，主要采用的支持方法是（　　）。	B
2	政府安排政府投资资金投入非经营性项目，并由政府有关机构或其指定、委托的机关、团体、事业单位等作为项目法人单位组织建设实施的方式是（　　）。	A
3	政府安排政府投资资金作为经营性项目的资本金，指定政府出资人代表行使所有者权益，项目建成后政府投资形成相应国有产权的方式是（　　）。	B
4	政府安排政府投资资金，对市场不能有效配置资源、确需支持的经营性项目，适当予以补助的方式是（　　）。	C
5	政府安排政府投资资金，对使用贷款的投资项目贷款利息予以补贴的方式是（　　）。	D

考点点评

关于政府投资决策程序，掌握下述要点即可：

经核定的投资概算是控制政府投资项目总投资的依据。此处还应注意：初步设计提出的投资概算超过可行性研究报告提出的投资估算 10% 的，审批部门可以要求该项目单位重新报送可行性研究报告。

考点10　落实企业投资主体地位的具体措施

例：落实企业投资主体地位的具体措施包括（ABCDEFG）。

A. 最大限度缩减政府核准的项目目录范围，原则上由企业依法依规自主决策投资行为

B. 在一定领域、区域内先行试点企业投资项目承诺制

C. 及时修订并公布政府核准的投资项目目录，实行企业投资项目管理负面清单制度

D. 建立企业投资项目管理权力清单制度和责任清单制度

E. 对关系国家安全、涉及全国重大生产力布局、战略性资源开发和重大公共利益等项目，实行核准管理

F. 对核准投资项目目录以外的项目，实行备案管理

G. 除国务院另有规定的，实行备案管理的项目按照属地原则备案

题号	拓展同类必刷题	答案
1	在落实企业投资主体地位的具体措施中，属于深化企业投资项目承诺制改革方面的有（　　）。	AB
2	在落实企业投资主体地位的具体措施中，属于“三个清单”管理制度方面的有（　　）。	CD
3	在落实企业投资主体地位的具体措施中，属于优化管理流程方面的有（　　）。	EFG

考点11　投资政策的类别及具体内容

例：投资政策包括利用外资政策、对外投资政策、支持和鼓励民间投资发展政策。其中，利用外资政策包括（A）。

A. 实行外商投资准入前国民待遇加负面清单管理制度

B. 国际产能和装备制造合作

C. 对外投资项目管理

D. 深化境外投资管理制度改革

E. 进一步拓宽民间投资的领域和范围

F. 鼓励和引导民间资本进入基础产业和基础设施领域

G. 鼓励和引导民间资本进入市政公用事业和政策性住房建设领域

H. 鼓励和引导民间资本进入社会事业领域

I. 鼓励和引导民间资本进入金融服务领域

J. 鼓励和引导民间资本进入商贸流通领域

K. 鼓励和引导民间资本进入国防科技工业领域

L. 鼓励和引导民间资本重组联合和参与国有企业改革

M. 推动民营企业加强自主创新和转型升级

N. 鼓励和引导民营企业积极参与国际竞争

题号	拓展同类必刷题	答案
1	作为投资政策之一的对外投资政策，主要包括（　　）。	BCD
2	支持和鼓励民间投资发展政策是投资政策之一，其内容主要包括（　　）。	EFGHIJKLMN

考点点评

1. 以上例题的题干也是一个很好的采分点，可以多项选择题的形式来考查。题目可能会这样设置：“投资政策主要包括（　　）。”

2. 另外，考生还应掌握敏感国家和地区包括哪些，以及敏感行业的范围，此处易进行多项选择题形式的考核。

四、本章真题实训

1.【2022 年真题】在宏观经济形式分析中，通常作为判断国民经济运行变化重要先行指标的投资是（　　）。

A. 无形投资　　B. 存货投资

C. 自发投资　　D. 引致投资

2.【2022 年真题】根据我国政府投资管理相关规定，控制政府投资项目总投资的依据是（　　）。

A. 财务评价结论　　B. 经济评价结论

C. 投资估算　　D. 投资概算

3.【2022 年真题】政府投资资金按项目安排，对确需政府支持的经营性项目，主要采取的投资方式是（　　）。

A. 资本金注入　　B. 投资补助

C. 政策性贷款　　D. 直接投资

4.【2021 年真题】按照国民收入和消费水平影响，投资分为（　　）。

A. 固定资产投资和重置投资　　B. 重置投资和净投资

C. 自发投资和引致投资　　D. 有形投资和无形投资

5.【2019 年真题】国民收入最终分配结果通过初次收入分配和二次收入分配达成，政府凭借权力在初次分配中取得（　　）。

A. 生产税　　B. 收入税

C. 财产税　　D. 社会缴款和社会福利

6.【2019 年真题】根据《境外投资管理办法》，我国对外投资实行（　　）的管理模式。

A. 核准制　　B. 备案制

C. 核准为主、备案为辅　　D. 备案为主、核准为辅

7.【2018 年真题】我国实行土地用途管制制度，国家土地利用总体规划的土地用途分为（　　）。

A. 农用地、工业用地、未利用地　　B. 工业用地、城建用地、农用地

C. 建设用地、农用地、未利用地　　D. 城市用地、农村用地、未利用地

8.【2018 年真题】国家根据建设项目对环境的影响程度，对建设项目的环境影响评价实行分类管理，下列说法中错误的是（　　）。

A. 可能造成重大环境影响的，应当编制环境影响报告书

B. 可能造成轻度环境影响的，应当编制环境影响报告表

C. 环境影响很小、不需要进行环境影响评价的，应当填报环境影响登记表

D. 对不产生环境影响的，无须编报环境影响评价文件

9.【2022 年真题】根据《关于加强基础设施建设项目管理确保工程安全质量的通知》，必须严格执行的项目管理制度主要包括（　　）。

A. 项目资本金制度　　B. 项目法人责任制

C. 招标投标制　　D. 工程监理制

E. 合同管理制

10.【2022 年真题】根据《境外投资管理办法》，我国对在敏感国家和地区、敏感行业的投资实行核准管理，敏感行业包括（　　）。

A. 基础电信运营　　B. 大规模土地开发

C. 跨境水资源开发利用　　D. 新闻传媒

E. 机械制造

11. 【2022 年真题】根据《中华人民共和国招标投标法》《必须招标的工程项目规定》《必须招标的基础设施和公用事业项目范围规定》，必须招标的工程项目有（　　）。

A. 使用外国政府贷款项目

B. 城市轨道交通项目

C. 使用预算资金 200 万元人民币以上，并且该资金占投资额的 5% 以上的项目

D. 使用国内银行贷款的项目

E. 大型水利基础设施项目

12. 【2021 年真题】下列属于投资宏观调控主要内容的有（　　）。

A. 调整投资总量　　B. 调整投资布局

C. 调整投资结构　　D. 调整重大项目安排

E. 调节国内外差额

13. 【2020 年真题】按照深化投融资体制改革要求，建立健全清单管理机制是当前和今后一个时期投融资体制改革的主要任务之一，管理清单包括（　　）。

A. 企业投资项目管理负面清单　　B. 权力清单

C. 责任清单　　D. 入库清单

E. 正面清单

五、本章真题实训答案及解析

1. B。宏观经济形势分析中，判断国民经济运行变化的重要先行指标是存货投资变动情况。

2. D。经核定的投资概算是控制政府投资项目总投资的依据。

3. A。政府投资资金按项目安排，以直接投资方式为主；对确需支持的经营性项目，主要采取资本金注入方式，也可以适当采取投资补助、贷款贴息等方式。

4. C。按照国民收入和消费水平影响，投资分为自发投资和引致投资。

5. A。初次分配主要是通过市场机制按要素（劳动、资金、土地、技术等）的贡献分配。政府凭借权力在初次分配中取得生产税。

6. D。根据《境外投资管理办法》，我国对外投资实行“备案为主、核准为辅”的管理模式，仅在敏感国家和地区、敏感行业的投资实行核准管理。

7. C。根据《中华人民共和国土地管理法》的规定，我国实行土地用途管制制度，即国家编制土地利用总体规划，规定土地用途，将土地分为农用地、建设用地和未利用地。

8. D。可能造成重大环境影响的，应当编制环境影响报告书，对产生的环境影响进行全面评价，故选项 A 正确。可能造成轻度环境影响的，应当编制环境影响报告表，故选项 B 正确。对环境影响很小、不需要进行环境影响评价的，应当填报环境影响登记表，故选项 C 正确。

9. BCDE。《关于加强基础设施建设项目管理确保工程安全质量的通知》（发改投资规〔2021〕910 号）明确提出，严格执行项目管理制度和程序，落实项目法人责任制，落实招标投标制，落实工程监理制，落实合同管理制。

10. ABCD。敏感行业包括基础电信运营，跨境水资源开发利用，大规模土地开发，输电干线、电网，新闻传媒等。

11. ABE。选项 C 错在“5%”，正确表述应为“10%”。选项 D 的正确表述应为：使用世界银行、亚洲开发银行等国际组织贷款的项目。

12. ABCD。我国投资宏观调控的主要任务除包括选项 A、B、C、D 外还包括建立和完善有利于提高投资效益的制度环境和市场条件。

13. ABC。“三个清单”管理制度具体包括企业投资项目管理负面清单制度、企业投资项目管

理权力清单制度和责任清单制度。

六、本章同步练习

（一）单项选择题（每题1分。每题的备选项中，只有1个符合题意）

1. 对核准投资项目目录以外的项目，实行（　　）管理。

A. 承诺制　　B. 承包制　　C. 备案制　　D. 责任制

2. 下列关于自发投资的表述，错误的是（　　）。

A. 自发投资是由人口、技术、资源、政府政策等外生变量所引起的投资

B. 自发投资通常为一固定数值

C. 新发明、新技术、新产品开发投资属于自发投资

D. 自发投资受国民收入的影响，随国民收入变化而变动

3. 深化企业投资项目承诺制改革应在一定领域、区域内先行试点企业投资项目（　　）。

A. 备案制　　B. 核准制

C. 承诺制　　D. 承包制

4. 依法应当招标的项目，在下列情形中，可以不进行施工招标的是（　　）。

A. 技术复杂、有特殊要求的

B. 已通过招标方式选定的特许经营项目投资人依法能够自行建设、生产或者提供的

C. 受自然环境限制的

D. 需要向原中标人采购工程、货物或者服务，否则所需费用将大幅增加的

5. 可能造成轻度环境影响的，应当编制（　　），对产生的环境影响进行分析或者专项评价。

A. 环境影响报告书　　B. 环境影响报告表

C. 环境影响登记表　　D. 环境影响申请书

6. 下列关于项目法人设立相关内容的表述，不正确的是（　　）。

A. 项目法人设立的形式有有限责任公司和股份有限公司

B. 项目法人筹备组具体负责项目法人的筹建工作

C. 新上项目在项目建议书批准后，应及时组建项目法人筹备组

D. 项目建议书批准后，正式成立项目法人

7. 下列工程中，必须实行工程监理的是（　　）。

A. 1万m^2的住宅小区项目

B. 总投资额为1000万元人民币的市政工程项目

C. 1万m^2的学校工程项目

D. 总投资额为2000万元人民币的电力工程项目

8. 在政府投资资金安排方式中，（　　）是政府安排政府投资资金作为经营性项目的资本金，指定政府出资人代表行使所有者权益，项目建成后政府投资形成相应国有产权的方式。

A. 直接投资　　B. 资本金注入

C. 投资补助　　D. 贷款贴息

（二）多项选择题（每题2分。每题的备选项中，有2个或2个以上符合题意，至少有1个错项。错选，本题不得分；少选，所选的每个选项得0.5分）

1. 我国目前实施的投资项目管理制度有（　　）。

A. 国有独资制　　B. 项目法人责任制

C. 招标投标制　　D. 项目资本金制

E. 工程监理制

2. 根据《中共中央　国务院关于深化投融资体制改革的意见》，投融资体制改革的主要任务包括（　　）。

A. 建立和健全各项规章制度
B. 切实转变政府职能
C. 落实企业投资主体地位
D. 完善政府投资体制
E. 创新融资机制

3. 为完善政府投资体制，应当（　　）。

A. 优化政府投资安排方式
B. 规范政府投资管理
C. 加强政府投资事前监管
D. 鼓励政府和社会资本合作
E. 进一步明确政府投资范围

4. 政府投资资金应当投向市场不能有效配置资源的（　　）等公共领域的项目，以非经营性项目为主。

A. 竞争性产业发展
B. 社会公益服务
C. 生态环境保护
D. 公共基础设施
E. 重大科技进步

5. 鼓励和引导民间资本进入社会事业领域应采取的措施有（　　）。

A. 允许民间资本兴办金融机构
B. 鼓励民间资本进入商品批发零售、现代物流领域
C. 鼓励民间资本参与发展医疗事业
D. 鼓励民间资本参与市政公用事业建设
E. 鼓励民间资本参与发展文化、旅游和体育产业

七、本章同步练习答案

（一）单项选择题

1. C	2. D	3. C	4. B	5. B
6. D	7. C	8. B		

（二）多项选择题

1. BCDE	2. CDE	3. ABDE	4. BCDE	5. CE

第三章

财税体制与财税政策

一、本章核心考点分布

- 财税体制与财税政策
  - 财政支出的分类（2020年、2021年、2022年）
  - 财政收入的主要来源（2018年、2020年、2022年）
  - 我国的预算体制（2017年、2018年、2019年、2020年、2022年）
  - 中央与地方政府税收收入的划分（2022年）
  - 财税政策工具（2020年）
  - 财税政策的类型（2018年、2022年）
  - 我国现行税收分类（2017年、2018年、2019年、2020年、2021年、2022年）
  - 特定目的税类制度（2022年）

二、专家剖析考点

1. 财政收入共三项来源，重点掌握非税收入这一项来源的相关知识，每年会考核2～4分。
2. 重点掌握我国的预算体制及构成。
3. 财政政策的类型属于重要考点，通常会以单项选择题的形式进行考核。
4. 我国现行税收可分为六类，属于高频考点，货物和劳务税类以及特定目的税类制度考核的次数较多，考生在复习过程中应有所侧重。
5. 重点掌握公共财政的特征及职能，这一知识点重复考核的可能性很高。
6. 了解税收的特征以及税与费的区别，掌握税收的分类。

三、本章核心考点必刷题

考点1　财政支出的分类

例：财政支出按支出的经济性质可分为（AB）。

A. 购买性支出　B. 转移性支出　C. 不可控制性支出　D. 可控制性支出
E. 补偿性支出　F. 积累性支出　G. 消费性支出　H. 预防性支出
I. 创造性支出　J. 一般利益支出　K. 特殊利益支出

题号	拓展同类必刷题	答案
1	财政支出按支出是否受约束可分为（　　）。	CD
2	财政支出按支出在社会再生产中的作用可分为（　　）。	EFG
3	财政支出按支出的目的可分为（　　）。	HI
4	财政支出按支出的受益范围可分为（　　）。	JK

考点点评

从不同视角对财政支出进行分类，有助于观察、分析和发现财政支出结构中的不足，提高财政支出的效率和公平性。我国财政部门同时使用支出功能分类和支出经济分类。支出按其功能分类分为类、款、项，按其经济性质分类分为类、款。

一般公共预算支出按照其功能分类，包括（　　）。

一般公共预算支出按照其经济性质分类，包括（　　）。

考点2　财政收入的主要来源

例：财政收入根据来源不同可分为税收收入、非税收入和债务收入。下列属于非税收入的有（BCDEFGH）。

A. 税收　B. 行政事业性收费
C. 专项收入　D. 罚没收入
E. 国有资本经营收入　F. 国有资源（资产）有偿使用收入
G. 捐赠收入　H. 政府住房基金收入
I. 债务收入

题号	拓展同类必刷题	答案
1	财政收入是指国家为了满足实现其职能的需要，依据其政治和经济权力主要采取税收和国有资产权益收入等形式所筹集的一部分社会产品或社会产品价值。财政收入的主要来源包括（　　）。	ABCDEFGHI
2	纳入一般公共预算管理的有专项用途的非税收入是（　　）。	C
3	国家机关、事业单位等依照法律法规规定，按照国务院规定的程序批准，在实施社会公共管理以及在向公民、法人和其他组织提供特定公共服务过程中，按照规定标准向特定对象收取费用形成的收入是（　　）。	B
4	执法机关依法收缴的罚款、没收款、赃款、没收物资、赃物的变价款收入属于（　　）。	D
5	各级人民政府及其部门、机构履行出资人职责的企业上缴的国有资本收益属于（　　）。	E
6	政府通过举借国内和国外债务等方式获得的收入是（　　）。	I
7	在现代市场经济条件下，（　　）具有组织财政收入、调节经济和调节收入分配的基本职能。	A
8	财政收入的主要来源是（　　），占财政收入的90%左右。	A

考点点评

本考点例题的题干部分还涉及一个关于财政收入分类的采分点，如果对这一采分点进行考查的话，题目可能会这样设置："财政收入根据来源不同可分为（　　）。"

考点3　我国的预算体制

例：下列关于预算的说法中，正确的有（ABCDEFGHIJ）。

A. 国家实行一级政府一级预算

B. 国家设立中央，省、自治区、直辖市，设区的市、自治州，县、自治县、不设区的市、市辖区，乡、民族乡、镇五级预算

C. 不具备设立预算条件的乡、民族乡、镇，经省、自治区、直辖市政府确定，可以暂不设立预算

D. 全国预算由中央预算和地方预算组成

E. 预算包括一般公共预算、政府性基金预算、国有资本经营预算、社会保险基金预算

F. 政府性基金预算、国有资本经营预算、社会保险基金预算应当与一般公共预算相衔接

G. 地方各级总预算由本级预算和汇总的下一级总预算组成

H. 各级预算应当遵循统筹兼顾、勤俭节约、量力而行、讲求绩效和收支平衡的原则

I. 各级政府应当建立跨年度预算平衡机制

J. 政府的全部收入和支出都应当纳入预算

考点点评

选项A重点掌握"一级政府一级预算"这几个字。选项B要注意"五级"这两个字。选项C要注意"经省、自治区、直辖市政府确定"这几个字。选项D要注意"中央预算和地方预算"这几个字。选项E可能会以多项选择题的形式对预算的类别进行考核。选项F要注意"一般公共预算"这几个字，可能会在此处挖空考核。

考点4　中央与地方政府税收收入的划分

例：目前，中央政府固定收入包括（ABCDEFG）。

A. 进口环节增值税和消费税　　B. 关税

C. 国内消费税　　D. 车辆购置税

E. 船舶吨税　　F. 海洋石油资源税

G. 证券交易印花税　　H. 国内增值税

I. 企业所得税　　J. 个人所得税

K. 环境保护税　　L. 房产税

M. 城镇土地使用税　　N. 城市维护建设税

O. 土地增值税　　P. 资源税

Q. 印花税　　R. 车船税

S. 耕地占用税　　T. 契税

U. 烟叶税　　V. 教育费附加

题号	拓展同类必刷题	答案
1	目前，地方政府固定收入包括（　　）。	KLMNOPQRSTUV
2	中央政府与地方政府共享收入包括（　　）。	HIJ

考点5　财税政策工具

例： 在各种财政政策手段中居于核心地位，能系统地、明显地反映政府财政政策的意图和目标，具有综合性、计划性和法律性等特点的是（A）。

A. 政府预算　　B. 税收　　C. 国债　　D. 公共支出

E. 政府投资　　F. 财政补贴

题号	拓展同类必刷题	答案
1	我国财政政策工具包括（　　）。	ABCDEF
2	下列财政政策工具中，（　　）能够广泛地影响到社会资源的有效配置、经济稳定、收入分配和其他更为具体的财政政策目标。	B
3	财政用于资本项目的建设支出是（　　），它最终形成各种类型的固定资产。	E
4	具有其他财政政策工具所不具有的灵活性和针对性的是（　　）。	F

考点6　财税政策的类型

例： 在总需求不足、出现通货紧缩的情况下，财政当局应实施的财政政策是（A）。

A. 扩张性财政政策　　B. 紧缩性财政政策　　C. 中性财政政策

D. 相机抉择的财政政策　　E. 自动稳定的财政政策　　F. 税收政策

G. 国债政策　　H. 财政支出政策　　I. 财政投资政策

J. 财政补贴政策　　K. 固定资产投资折旧政策　　L. 国有资产管理政策

M. 长期财政政策　　N. 中期财政政策　　O. 短期财政政策

题号	拓展同类必刷题	答案
1	根据调节经济周期的作用不同，财政政策可分为（　　）。	DE
2	根据调节国民经济总量的方向不同，财政政策可分为（　　）。	ABC
3	财政政策按调节手段分类，可分为（　　）。	FGHIJKL
4	财政政策按政策作用的期限，可分为（　　）。	MNO
5	通过财政分配活动来增加和刺激社会总需求的财政政策是（　　）。	A
6	通过财政分配活动来减少和抑制社会总需求的财政政策是（　　）。	B
7	在国民经济已出现总需求过旺的情况下，应通过（　　）消除通货膨胀缺口，达到供求平衡。	B
8	要求财政收支要保持平衡的财政政策是（　　）。	C
9	以下财政政策中，（　　）的工具是减税和增加财政支出。	A
10	以下财政政策中，（　　）的工具是增税和减少财政支出。	B

考点点评

关于本考点，还应熟练掌握扩张性财政政策的工具与实现紧缩性财政政策目标的手段。这两点考核难度不大，但考核频次较高。

考点7　我国现行税收分类

例： 我国现行税制框架中，主要在生产、流通服务领域中发挥调节作用的税种有（AC）。

A. 增值税　　B. 资源税　　C. 消费税　　D. 城镇土地使用税

E. 企业所得税　　F. 个人所得税　　G. 城市维护建设税　　H. 土地增值税
I. 车辆购置税　　J. 耕地占用税　　K. 烟叶税　　L. 房产税
M. 车船税　　N. 印花税　　O. 契税

题号	拓展同类必刷题	答案
1	我国现行税制框架中，主要对因开发和利用自然资源差异而形成的级差收入发挥调节作用的税种有（　　）。	BD
2	我国现行税制框架中，主要是在国民收入形成后，对生产经营者的利润和个人纯收入发挥调节作用的税种有（　　）。	EF
3	我国现行税制框架中，主要是为了达到特定目的，对特定对象和特定行为发挥调节作用的税种有（　　）。	GHIJK
4	我国现行税制框架中，主要是对某些财产和行为发挥调节作用的税种有（　　）。	LMNO

考点点评

1. 上述税收的纳税人也要能够进行熟练区分，单项选择题和多项选择题都有可能考核。
2. 增值税被分为三种类型，牢记每类的特点。
3. 关于消费税，还需要掌握以下内容：
（1）消费税按照应税消费品的销售额、销售数量分别实行从价定率或从量定额的办法计算应纳税额。
（2）消费税的纳税环节：生产→进口→零售。

考点8　特定目的税类制度

例：特定目的税类包括（ABCDE）。

A. 土地增值税　　B. 城市维护建设税
C. 车辆购置税　　D. 耕地占用税
E. 烟叶税

考点点评

关于本考点，还应掌握下述涉及数值的考核要点，易进行单项选择题形式的考核：
（1）城市维护建设税涉及的三档税率（7%、5%、1%）。
（2）土地增值税涉及的四级超额累进税率（30%、40%、50%、60%）。
（3）车辆购置税（10%）。
（4）烟叶税（20%）。

四、本章真题实训

1.【2022年真题】根据《中华人民共和国预算法》，下列财政支出分类中，属于按支出功能分类的是（　　）。
A. 工资福利支出、商品和服务支出、资本性支出
B. 购买性支出和转移性支出
C. 不可控制性支出和可控制性支出
D. 外交支出、国防支出和环境保护支出

2. **【2022 年真题】** 当财政政策目标是减少和抑制总需求的时候，通常采取的税收和支出政策是（　　）。

A. 减税，减支　B. 增税，减支　C. 减税，增支　D. 增税，增支

3. **【2022 年真题】** 我国土地增值税采用四级超额累进税率，增值额超过扣除项目金额 100%，未超过扣除项目金额 200% 的部分，税率为（　　）。

A. 30%　B. 40%　C. 50%　D. 60%

4. **【2021 年真题】** 下列税种中，属于直接税的是（　　）。

A. 增值税　B. 关税　C. 消费税　D. 所得税

5. **【2021 年真题】** 不属于消费税纳税环节的是（　　）。

A. 销售　B. 进口　C. 出口　D. 零售

6. **【2020 年真题】** 下列财政政策工具中，居于核心地位、能系统反映政府意图的工具是（　　）。

A. 国债　B. 财政补贴　C. 税收　D. 政府预算

7. **【2019 年真题】** 在我国的预算体制中，预算层级为（　　）。

A. 三　B. 四　C. 五　D. 六

8. **【2019 年真题】** 将税收分为中央税、地方税、共享税，是指按照（　　）为标准划分的。

A. 税收的计算依据　B. 税收与价格的关系
C. 管辖的对象　D. 税收的管理和使用权限

9. **【2022 年真题】** 按照我国财政收入来源分类，下列收入中，属于非税收入的有（　　）。

A. 行政事业性收费收入　B. 专项收入
C. 债务收入　D. 罚没收入
E. 国有资源（资产）有偿使用收入

10. **【2022 年真题】** 属于我国中央政府与地方政府共享收入的有（　　）。

A. 国内增值税　B. 国内消费税
C. 企业所得税　D. 个人所得税
E. 土地增值税

11. **【2021 年真题】** 下列一般公共预算支出中属于按照经济性质分类的有（　　）。

A. 就业支出　B. 社会保障支出
C. 商品和服务支出　D. 资本性支出
E. 工资福利支出

12. **【2020 年真题】** 关于我国预算体制的说法，正确的有（　　）。

A. 政府性收入不纳入国库
B. 我国实行一级政府一级预算
C. 地方各级预算由本级政府预算和汇总的下一级预算组成
D. 各级政府不得设立跨年度预算平衡机制
E. 国有资本经营预算属于一般公共预算

13. **【2019 年真题】** 公共财政主要着眼于满足社会公共需要，其特征包括（　　）。

A. 公平性　B. 以弥补市场失灵为行为准则
C. 非营利性　D. 强制性
E. 法制性

14. **【2019 年真题】** 财政政策是宏观调控的重要手段，主要功能包括（　　）。

A. 导向功能　B. 调节功能
C. 协调功能　D. 控制功能
E. 稳定功能

15. 【2018 年真题】根据公共财政理论，公共财政的职能主要有（　　）。

A. 资源配置职能　　B. 价格调节职能

C. 收入分配职能　　D. 调控经济职能

E. 监督管理职能

五、本章真题实训答案及解析

1. D。一般公共预算支出按照其功能分类，包括一般公共服务支出，外交、公共安全、国防支出，农业、环境保护支出，教育、科技、文化、卫生、体育支出，社会保障及就业支出和其他支出。

2. B。实现减少和抑制总需求财政政策目标的手段：增税和减少财政支出。

3. C。土地增值税采用四级超额累进税率。增值额超过扣除项目金额 100%、未超过扣除项目金额 200% 的部分，适用的税率为 50%。

4. D。所得税、房产税、遗产税、社会保险税等税种为直接税。选项 A、B、C 均属于间接税，故选项 D 正确。

5. C。消费税的纳税环节包括：①生产环节（由生产者于销售时纳税）；②进口环节；③零售环节。

6. D。政府预算在各种财政政策手段中居于核心地位，它能系统地、明显地反映政府财政政策的意图和目标。

7. C。国家实行一级政府一级预算，设立中央，省、自治区、直辖市，设区的市、自治州，县、自治县、不设区的市、市辖区，乡、民族乡、镇共分五级预算。

8. D。按税收的管理和使用权限为标准，税收可分为中央税、地方税、共享税。

9. ABDE。非税收入主要包括专项收入；行政事业性收费收入；罚没收入；国有资本经营收入；国有资源（资产）有偿使用收入；捐赠收入；政府住房基金收入；其他收入。

10. ACD。中央政府与地方政府共享收入包括国内增值税、企业所得税、个人所得税。

11. CDE。社会保障及就业支出属于一般公共预算支出按照其功能分类。一般公共预算支出按照其经济性质分类，包括工资福利支出、商品和服务支出、资本性支出和其他支出。

12. BC。政府的全部收入和支出都应当纳入预算，故选项 A 错误。各级政府应当建立跨年度预算平衡机制，故选项 D 错误。预算包括一般公共预算、政府性基金预算、国有资本经营预算、社会保险基金预算，故选项 E 错误。

13. BCE。公共财政的特征包括以弥补市场失灵为行为准则；非营利性；法制性。

14. ACDE。财政政策作为宏观调控的重要手段，主要具有四种功能：导向功能；协调功能；控制功能；稳定功能。

15. ACDE。公共财政的职能包括资源配置职能、收入分配职能、调控经济职能、监督管理职能。

六、本章同步练习

（一）单项选择题（每题 1 分。每题的备选项中，只有 1 个符合题意）

1. 政府非税收入不包括（　　）。

A. 行政事业性收费收入　　B. 专项收入

C. 国有资源有偿使用收入　　D. 社会保险基金

2. 公共财政的特征不包括（　　）。

A. 法制性　　B. 非营利性

C. 以弥补市场失灵为行为准则　　D. 强制性

3. 下列凭证中应当正常缴纳印花税的是（　　）。
A. 农民专业合作社销售农产品书立的买卖合同
B. 个人与电子商务经营者订立的电子订单
C. 营利性医疗卫生机构采购药品或者卫生材料书立的买卖合同
D. 应税凭证的副本或者抄本

4. 根据总量调节方向，财政政策的分类不包括（　　）。
A. 紧缩性财政政策　　B. 税收政策
C. 扩张性财政政策　　D. 中性财政政策

5. 财政政策工具相互配合可以有效发挥财政政策的（　　）功能。
A. 导向　　B. 稳定　　C. 控制　　D. 协调

6. 下列不属于我国财政政策工具的是（　　）。
A. 税收　　B. 利率政策
C. 政府预算　　D. 公共支出

7. 税收收入由预算统一安排使用，用于社会公共需要支出，而费一般具有（　　）的性质。
A. 以收定支　　B. 统筹安排
C. 专款专用　　D. 因地制宜

8. 大部分实行增值税的国家采用（　　）。
A. 收入型增值税　　B. 生产型增值税
C. 消费型增值税　　D. 生产型与消费型并存的增值税

9. 下列不属于地方政府固定收入的是（　　）。
A. 消费税　　B. 城镇土地使用税
C. 耕地占用税　　D. 土地增值税

10. 下列关于城镇土地使用税每平方米年税额的说法中，正确的是（　　）。
A. 大城市 1.0～30 元　　B. 中等城市 1.2～24 元
C. 小城市 0.6～12 元　　D. 县城、建制镇、工矿区 0.9～18 元

（二）多项选择题（每题 2 分。每题的备选项中，有 2 个或 2 个以上符合题意，至少有 1 个错项。错选，本题不得分；少选，所选的每个选项得 0.5 分）

1. 按财政支出的目的性划分，财政支出分为（　　）。
A. 补偿性支出　　B. 预防性支出
C. 积累性支出　　D. 创造性支出
E. 消费性支出

2. 在现代市场经济条件下，税收具有（　　）的基本职能。
A. 维持财政收入　　B. 组织财政收入
C. 调节市场供需　　D. 调节经济
E. 调节收入分配

3. 财政政策按调节手段分类，可分为税收政策、（　　）、财政补贴政策、固定资产投资折旧政策、国有资产管理政策等。
A. 国债政策　　B. 财政支出政策
C. 财政投资政策　　D. 短期财政政策
E. 长期财政政策

4. 税收的调节作用主要通过（　　）来实现。
A. 税负分配　　B. 政府预算
C. 税收优惠　　D. 税收惩罚
E. 税率确定

5. 特定目的税类包括（　　）。

A. 城市维护建设税　　B. 个人所得税

C. 耕地占用税　　D. 车辆购置税

E. 土地增值税

6. 扩张性财政政策的工具主要有（　　）。

A. 增税　　B. 减税

C. 减少财政支出　　D. 增加财政支出

E. 财政收支要保持平衡

七、本章同步练习答案

（一）单项选择题

1. D	2. D	3. C	4. B	5. D
6. B	7. C	8. C	9. A	10. B

（二）多项选择题

1. BD	2. BDE	3. ABC	4. ACDE	5. ACDE
6. BD				

第四章
金融体系与金融政策

一、本章核心考点分布

- 金融体系与金融政策
  - 货币政策（2017年、2019年、2020年、2021年）
  - 信贷政策（2021年）
  - 商业银行（2017年、2018年、2021年、2022年）
  - 政策性银行（2022年）
  - 其他银行业金融机构（2019年、2020年、2022年）
  - 证券和保险类金融机构体系（2019年、2021年、2022年）
  - 中央银行（2017年、2018年、2019年、2022年）
  - 金融市场体系（2018年、2022年）
  - 互联网金融监管职责分工（2018年、2019年、2020年）

二、专家剖析考点

1. 掌握金融调控与监管体系、金融机构体系、金融市场体系的相关内容，特别是历年考试考核过的地方一定要多看几遍，因为重复考核的概率很大。

2. 重点掌握货币政策工具的相关知识。

3. 金融机构体系包含银行、证券、保险三大类。考核较多的内容有我国的商业银行、证券交易所及证券公司的业务范围。

4. 重点掌握中央银行三大职能的相关内容，这一知识点每年都会进行1～2分的考核。

5. 掌握金融市场体系的内容。

6. 互联网金融监管职责分工要能够熟练区分。

三、本章核心考点必刷题

考点1　货币政策

例1： 货币政策工具分为一般性工具和选择性工具。一般性货币政策工具包括（BCD）。

A. 利率限制　　B. 法定存款准备金　　C. 公开市场操作

D. 再贴现　　E. 信用配额　　F. 流动性比率限制
G. 对金融企业窗口指导

题号	拓展同类必刷题	答案
1	选择性货币政策工具包括（　　）。	AEFG
2	在货币政策工具中，（　　）的直接效用是吞吐基础货币。	C

考点点评

《中华人民共和国中国人民银行法》对我国的货币政策工具进行了专门的规定，大家应重点记忆，可能会以多项选择题的形式进行考核。

例2：货币政策的最终目标有（ABCD）。
A. 物价稳定　　B. 充分就业
C. 经济增长　　D. 国际收支平衡
E. 货币供应量

题号	拓展同类必刷题	答案
1	下列属于货币政策中介目标的是（　　）。	E

考点2　信贷政策

例：下列关于信贷政策的说法中，正确的有（ABCDEFG）。
A. 信贷政策是实现信贷资金优化配置并促进经济结构调整的金融政策
B. 信贷政策的手段是实施贷款规模管理
C. 信贷政策的贯彻实施依托于金融监管，实施方式带有明显的行政干预色彩
D. 信贷政策和货币政策相辅相成，相互促进
E. 信贷政策的有效实施，对于疏通货币政策传导渠道，发展和完善信贷市场，提高货币政策效果发挥着积极的促进作用
F. 中国人民银行信贷政策包括推动产业结构优化升级和经济发展方式转变的信贷政策
G. 信贷政策着眼于解决经济结构问题

考点点评

1. 如果单独对选项E进行考核的话，题目可能会这样设置：“实施信贷政策的作用主要包括（　　）。”

2. 选项F属于中国人民银行信贷政策的内容之一，除了“推动产业结构优化升级和经济发展方式转变的信贷政策”外，还包括促进区域经济协调发展的信贷政策；促进消费市场发展的信贷政策；房地产和汽车金融信贷政策；服务“三农”、中小微企业、扶贫、就业和助学的信贷政策；协调和推进金融机构开展信用衍生品和信贷资产证券化工作。

3. 选项G重点掌握“解决经济结构问题”这几个字，考核时可能会将“调控总量”作为干扰项。

考点3　商业银行

例1：商业银行是以金融资产和负债业务为主要经营对象的综合性、多功能的金融企业，是能够提供存贷业务的金融机构。商业银行在现代经济活动中有（ABCD）等职能，并通过这些职能在国民经济活动中发挥着重要作用。
A. 信用中介　　B. 支付中介　　C. 金融服务　　D. 信用创造

题号	拓展同类必刷题	答案
1	商业银行最基本的功能是（　　）。	A
2	商业银行职能中的（　　）在国民经济中发挥着多层次的调节作用，将闲散货币转化为资本，使闲置资本得到充分利用，将短期资金转化为长期资金。	A
3	商业银行借助本票、汇票、支票等各类支付工具，将客户存款资金转移为客户办理货币结算、货币收付、货币兑换和存款转移，体现了其基本职能中的（　　）。	B
4	商业银行通过吸收活期存款、发放贷款，从而增加银行的资金来源、扩大社会货币供应量，满足社会经济发展对流通手段和支付手段的需要，体现了其基本职能中的（　　）。	D
5	商业银行凭借在国民经济中联系面广、信息灵通等特殊地位和优势，以及其在发挥信用中介和支付中介功能的过程中所获得的大量信息，为客户提供财务咨询、融资代理、信托租赁、代收代付等各种金融服务，体现了其基本职能中的（　　）。	C

考点点评

商业银行以安全性、流动性、效益性为经营原则，实行自主经营、自担风险、自负盈亏、自我约束的模式。商业银行主要通过存贷利差、中间业务收费和自营资金业务等获取利润。

例 2： 我国商业银行可以经营的业务范围包括（ABCDEFGHIJKLM）。

A. 吸收公众存款
B. 发放短期、中期和长期贷款
C. 办理国内外结算
D. 办理票据承兑与贴现
E. 发行金融债券
F. 代理发行、代理兑付、承销政府债券
G. 买卖政府债券、金融债券
H. 从事同业拆借
I. 买卖、代理买卖外汇
J. 从事银行卡业务
K. 提供信用证服务及担保
L. 代理收付款项及代理保险业务
M. 提供保管箱服务

考点点评

1. 我国商业银行的业务范围可能会采用多项选择题的形式进行考查。

2. 注意：商业银行经中国人民银行批准，可以经营（　　）业务。商业银行在中华人民共和国境内不得从事（　　）业务，不得向（　　）投资，但国家另有规定的除外。

例 3： 我国商业银行体系中的（A）在我国金融业中占据主导地位。

A. 大型国有商业银行
B. 中小银行
C. 民营银行
D. 村镇银行
E. 外资银行

题号	拓展同类必刷题	答案
1	在我国商业银行体系中，（　　）在支持地方经济发展，服务民营企业、小微企业、“三农”等方面发挥着不可替代的作用。	B
2	在我国商业银行体系中，（　　）由主发起人与各类社会资本共同设立，是民间资本进入金融业的重要途径之一，主发起人最低持股比例为 15%。	D
3	在我国商业银行体系中，（　　）能够为当地农民、农业和农村经济发展提供金融市场服务，解决部分地区金融服务不足的问题，更加贴近“三农”和小微企业。	D

（续）

题号	拓展同类必刷题	答案
4	依照有关法律、法规，经批准在中华人民共和国境内设立的外商独资银行、中外合资银行、外国银行分行、外国银行代表处等属于（　　）。	E
5	我国的商业银行体系由（　　）组成。	ABCDE

考点4　政策性银行

例： 政策性银行有多种类型，但运营上也有一些共同特征，体现在（ABCDEF）。

A. 经营目标突出社会性
B. 业务范围的特定性
C. 金融服务的优惠性
D. 资金来源的稳定性
E. 监管政策的差异性
F. 法律保障的完备性

题号	拓展同类必刷题	答案
1	政策性银行坚持社会效益优先，注重公共产品供给，扶持弱质产业或弱势领域，可以体现出政策性银行的（　　）特征。	A
2	政策性银行的监管标准大都有别于商业银行，监管主体有的是金融监管部门，有的是财政部或政府行业主管部门，可以体现出政策性银行的（　　）特征。	E

考点5　其他银行业金融机构

例： 经国务院决定设立的管理和处置因国有银行不良贷款所形成资产的国有独资非银行金融机构是（A）。

A. 金融资产管理公司
B. 金融资产投资公司
C. 信托公司
D. 财务公司
E. 金融租赁公司
F. 货币经纪公司
G. 消费金融公司

题号	拓展同类必刷题	答案
1	经国务院银行业监督管理机构批准，在中华人民共和国境内设立的，主要从事银行债权转股权及配套支持业务的非银行金融机构是（　　）。	B
2	以营业和收取报酬为目的，以受托人身份承诺信托和处理信托事务的金融机构是（　　）。	C
3	以加强企业集团资金集中管理和提高企业集团资金使用效率为目的，为企业集团成员单位提供财务管理服务的金融机构是（　　）。	D
4	经国务院银行业监督管理机构批准，以经营融资租赁业务为主的非银行金融机构是（　　）。	E
5	经批准在中华人民共和国境内设立的，通过电子技术或其他手段，专门从事促进金融机构间资金融通和外汇交易等经纪服务，并从中收取佣金的非银行金融机构是（　　）。	F
6	经国务院银行业监督管理机构批准，在中华人民共和国境内设立的，不吸收公众存款，以小额、分散为原则，为中国境内居民个人提供以消费为目的的贷款的非银行金融机构是（　　）。	G

考点6　证券和保险类金融机构体系

例： 证券类金融机构包括（ABCDEF）。

A. 证券交易场所
B. 商品期货交易所
C. 证券公司
D. 证券服务机构

E. 期货公司　　　F. 基金管理公司

G. 保险公司　　　H. 保险中介机构

题号	拓展同类必刷题	答案
1	大宗商品进行期货交易的场所是（　　）。	B
2	具有证券交易所的会员资格，可以承销发行、自营买卖或自营兼代理买卖证券的机构是（　　）。	C
3	依法设立的从事证券服务业务的法人机构是（　　）。	D
4	依法设立的、接受客户委托、按照客户的指令、以自己的名义为客户进行期货交易并收取交易手续费的中介组织是（　　）。	E
5	依据有关法律法规设立的对基金的募集、基金份额的申购和赎回、基金财产的投资、收益分配等基金运作活动进行管理的公司是（　　）。	F
6	依照法律法规和国家政策设立的经营商业保险和政策性保险的金融机构是（　　）。	G
7	保险类金融机构包括（　　）。	GH

考点点评

1. 关于选项 C 的证券公司，还要熟练掌握其业务范围包括哪些。

2. 对于证券交易场所还需要掌握以下可考内容：

（1）我国的证券交易场所可分为（　　）。

（2）目前，我国已注册的全国性证券交易所包括（　　）。

（3）我国继续支持中小企业创业发展，深化新三板改革，设立（　　），打造服务创新型中小企业主阵地。

考点7　中央银行

例：中央银行具有“发行的银行、银行的银行和政府的银行”三大职能。其中与“银行的银行”职能相关的业务有（BCD）。

A. 垄断货币的发行权　　　B. 保管银行存款准备金

C. 充当银行最后贷款人　　　D. 组织银行间支付清算

E. 经理国库　　　F. 管理黄金和外汇

G. 监督管理金融机构和金融活动　　　H. 制定和执行金融政策

题号	拓展同类必刷题	答案
1	中央银行具有“发行的银行、银行的银行和政府的银行”三大职能。其中与“政府的银行”职能相关的业务有（　　）。	EFGH
2	中央银行之所以被称为“发行的银行”，是因为中央银行（　　）。	A

考点点评

1. 掌握中央银行的特征，可能会以多项选择题的形式进行考核。

2. 我国的中央银行是：中国人民银行。

考点8　金融市场体系

例1：按照期限划分，金融市场可以分为（AB）。

A. 货币市场　　　B. 资本市场

C. 交易债务工具的债券市场　　　D. 交易权益工具的权益市场或称为股票市场

E. 一级市场

F. 二级市场

G. 场内交易市场

H. 场外交易市场

I. 主板市场

J. 二板市场

K. 资金融通

L. 价格发现

M. 提供流动性

N. 风险管理

O. 降低搜寻成本和信息成本

题号	拓展同类必刷题	答案
1	期限在一年以内、以短期金融工具为媒介进行资金融通的短期金融市场称为（　　）。	A
2	按照交易工具划分，金融市场可以分为（　　）。	CD
3	按照进入市场的时间划分，发行金融资产的市场称为（　　）。	E
4	按照进入市场的时间划分，在投资者之间进行金融资产交易的市场称为（　　）。	F
5	按交易方式不同，金融市场可以划分为（　　）。	GH
6	按交易对象分，金融市场可以分为（　　）。	IJ
7	金融市场的五大功能包括（　　）。	KLMNO

例 2： 我国的金融市场体系包括货币市场、资本市场、外汇市场、黄金市场以及期货市场。其中的货币市场主要包括（BCDE）。

A. 股票市场

B. 回购市场

C. 票据市场

D. 同业拆借市场

E. 大额可转让定期存单市场

F. 债券市场

G. 银行间外汇市场

H. 银行柜台外汇市场

题号	拓展同类必刷题	答案
1	我国资本市场包括（　　）。	AF
2	我国境内外汇市场按交易主体的不同分为（　　）。	GH

考点点评

关于金融市场体系还需要掌握的内容有：

（1）我国黄金市场包括（上海黄金交易所、商业银行、上海期货交易所）。

（2）中国人民银行对同业拆借市场进行监管。

考点 9　互联网金融监管职责分工

例： 根据《关于促进互联网金融健康发展的指导意见》的规定，互联网支付业务由（A）负责监管。

A. 中国人民银行

B. 国家金融监督管理机构

C. 中国证监会

D. 电信主管部门

E. 工业和信息化部

F. 国家互联网信息办公室

题号	拓展同类必刷题	答案
1	根据《关于促进互联网金融健康发展的指导意见》的规定，网络借贷业务、互联网信托业务和互联网消费金融业务由（　　）负责监管。	B

（续）

题号	拓展同类必刷题	答案
2	根据《关于促进互联网金融健康发展的指导意见》的规定，互联网基金销售业务、股权众筹融资业务由（　　）负责监管。	C
3	根据《关于促进互联网金融健康发展的指导意见》的规定，互联网保险由（　　）负责监管。	B
4	根据《关于促进互联网金融健康发展的指导意见》的规定，任何组织和个人开设网站从事互联网金融业务，都需要依法向（　　）履行网站备案手续。	D
5	根据《关于促进互联网金融健康发展的指导意见》的规定，（　　）负责对互联网金融业务涉及的电信业务进行监管。	E
6	根据《关于促进互联网金融健康发展的指导意见》的规定，（　　）负责对金融信息服务、互联网信息内容等业务进行监管。	F

四、本章真题实训

1. **【2022 年真题】** 在将闲散货币转化为资本、将短期资金转化为长期资金的过程中，商业银行发挥的作用是（　　）。
A. 信用中介　B. 支付中介　C. 信用创造　D. 财务咨询

2. **【2022 年真题】** 村镇银行是我国民间资本进入金融业的重要途径之一，由主发起人与各类社会资本共同设立，主发起人最低持股比例为（　　）。
A. 10%　B. 15%　C. 20%　D. 25%

3. **【2022 年真题】** 在我国资本市场中，致力于为创新型中小企业提供服务的全国性证券交易所是（　　）。
A. 上海证券交易所　B. 深圳证券交易所
C. 北京证券交易所　D. 上海期货交易所

4. **【2021 年真题】** 在我国依法依规对银行业机构及其业务范围实行准入管理的是（　　）。
A. 国家金融监督管理总局　B. 银行业协会
C. 银行业交易商协会　D. 中国人民银行

5. **【2021 年真题】** 属于一般货币政策工具的是（　　）。
A. 再贴现　B. 利率限制　C. 信用配额　D. 窗口指导

6. **【2020 年真题】** 我国主要从事银行债券转股权及配套支持业务的非银行金融机构是（　　）。
A. 金融资产投资公司　B. 金融资产管理公司
C. 财务公司　D. 信托公司

7. **【2020 年真题】** 我国负责监管互联网支付业务的机构是（　　）。
A. 中国人民银行　B. 国家金融监督管理总局
C. 中国证券监督管理委员会　D. 中国互联网金融协会

8. **【2019 年真题】** 收购国有银行不良贷款的国有独资非银行金融机构是（　　）。
A. 金融资产管理公司　B. 金融资产投资公司
C. 财务公司　D. 金融租赁公司

9. **【2019 年真题】** 以下属于保险资金可以投资的领域是（　　）。
A. 证券投资基金份额　B. 在非银行金融机构存款
C. 直接从事房地产开发建设　D. 买入被交易所实行“特别处理”的股票

10. **【2022 年真题】** 我国证券公司的业务范围包括（　　）。

A. 证券经纪
B. 证券资信评估
C. 证券承销与保荐
D. 证券资产管理
E. 证券登记过户

11. 【2021 年真题】下列属于人身保险种类的是（　　）。
A. 人寿保险
B. 健康保险
C. 意外保险
D. 保证保险
E. 责任保险

12. 【2020 年真题】关于开发性金融，说法正确的有（　　）。
A. 以服务国家战略为宗旨
B. 以国家信用为依托
C. 以市场运作为基本模式
D. 以利润最大化为经营原则
E. 以中长期投融资为载体

13. 【2019 年真题】金融系统性风险的主要来源有（　　），要通过宏观审慎管理加以防范。
A. 金融逆周期性
B. 金融顺周期性
C. 市场内风险传染
D. 跨市场风险传染
E. 不可抗力

五、本章真题实训答案及解析

1. A。信用中介在国民经济中发挥着多层次的调节作用，将闲散货币转化为资本，使闲置资本得到充分利用，将短期资金转化为长期资金。

2. B。村镇银行由主发起人与各类社会资本共同设立，主发起人最低持股比例为 15%。

3. C。为支持中小企业创新发展，设立的是北京证券交易所。

4. A。国家金融监督管理总局依照《中华人民共和国银行业监督管理法》《中华人民共和国保险法》对全国银行业和保险业实施监督管理。

5. A。一般性货币政策工具包括公开市场操作、法定存款准备金和再贴现。

6. A。金融资产投资公司是指主要从事银行债权转股权及配套支持业务的非银行金融机构。

7. A。互联网支付业务由中国人民银行负责监管。

8. A。金融资产管理公司是指经国务院决定设立的收购国有银行不良贷款，管理和处置因收购国有银行不良贷款形成的资产的国有独资非银行金融机构。

9. A。保险公司的资金运用限于下列形式：①银行存款；②买卖债券、股票、证券投资基金份额等有价证券；③投资不动产；④国务院规定的其他资金运用形式。

10. ACD。我国证券公司的业务范围包括证券经纪，证券投资咨询，与证券交易、证券投资活动有关的财务顾问，证券承销与保荐，证券自营，证券资产管理及其他证券业务。

11. ABC。人身保险业务包括人寿保险、健康保险、意外伤害保险等保险业务。

12. ABE。开发性金融的基本内涵包括：①以服务国家战略为宗旨；②以国家信用为依托；③以保本微利为经营原则；④以中长期投融资为载体。

13. BD。金融系统性风险的主要来源是金融顺周期性和跨市场风险传染，要通过宏观审慎管理加以防范。

六、本章同步练习

（一）单项选择题（每题 1 分。每题的备选项中，只有 1 个符合题意）

1. 中央银行与一般的银行相比具有的特征不包括（　　）。
A. 组织、参与和管理支付清算
B. 对金融业实施监督管理

C. 不经营普通银行业务　　D. 以盈利为目的

2. 下列表述中，不属于债券一般特征的是（　　）。

A. 可控性　　B. 流动性　　C. 收益性　　D. 安全性

3. 金融机构进入同业拆借市场必须经（　　）批准。

A. 中国银行　　B. 国家开发银行

C. 中国人民银行　　D. 国家金融监督管理总局

4. 商业银行最基本的功能是（　　）。

A. 支付中介　　B. 信用中介　　C. 信用创造　　D. 金融服务

5. 下列关于普惠金融特征的说法中，错误的是（　　）。

A. 服务的公平性　　B. 参与的广泛性

C. 高收入群体的侧重性　　D. 发展的可持续性

6. 根据《中华人民共和国中国人民银行法》，我国的货币政策目标是（　　），并以此促进经济增长。

A. 调节货币供应量　　B. 实现宏观调控

C. 保持货币币值的稳定　　D. 实现筹资功能

7. 上海黄金交易所由（　　）批准设立。

A. 国务院　　B. 中国人民银行

C. 中国银行业协会　　D. 中国银行间市场交易商协会

（二）多项选择题（每题 2 分。每题的备选项中，有 2 个或 2 个以上符合题意，至少有 1 个错项。错选，本题不得分；少选，所选的每个选项得 0.5 分）

1. 金融市场具有的功能包括（　　）。

A. 规避搜寻成本　　B. 资金融通

C. 提供流动性　　D. 价格发现

E. 风险管理

2. 保险公司能够开展的财产保险业务类型有（　　）。

A. 保证保险　　B. 人寿保险

C. 信用保险　　D. 责任保险

E. 意外伤害保险

3. 我国的政策性银行和开发性金融机构主要有（　　）。

A. 国家开发银行　　B. 中国进出口银行

C. 中国工商银行　　D. 中国农业发展银行

E. 中国建设银行

4. 中国进出口银行的主要业务范围包括（　　）。

A. 发行金融债券　　B. 办理国内外结算和结售汇业务

C. 办理现代农业园区贷款　　D. 吸收授信客户项下存款

E. 办理国务院指定的特种贷款

5. 政策性银行有多种类型，在运营上所表现出来的共同特征有（　　）。

A. 经营目标突出社会性　　B. 业务范围的特定性

C. 金融服务的优惠性　　D. 资金来源的流动性

E. 监管政策的差异性

6. 黄金市场是金融市场的重要组成部分，投资者可以通过（　　）进行黄金投资。

A. 上海黄金交易所　　B. 商业银行

C. 中国进出口银行　　D. 上海期货交易所

E. 深圳黄金交易所

7. 中央银行具有三大职能，“银行的银行”是指中央银行一般不与工商企业发生业务往来，只与商业银行和其他金融机构发生业务关系，其具体业务包括（　　）。

A. 保管银行存款准备金
B. 监督管理金融机构和金融活动
C. 管理黄金和外汇
D. 组织银行间支付清算
E. 制定和执行金融政策

七、本章同步练习答案

（一）单项选择题

1. D	2. A	3. C	4. B	5. C
6. C	7. A			

（二）多项选择题

1. BCDE	2. ACD	3. ABD	4. ABDE	5. ABCE
6. ABD	7. AD			

第五章

产业政策

一、本章核心考点分布

- 产业政策
  - 产业政策的类型（2021年、2022年）
  - 产业政策的实施手段（2017年）
  - 产业政策体系（2017年、2019年、2020年、2021年、2022年、2023年）
  - 推动产业政策向普惠化和功能性转型

二、专家剖析考点

本章内容较少，在历年考试中所占分值比重也不大，且考点较为集中，考生在有限时间内可有所侧重，重点掌握产业政策体系的构成及其内容。

三、本章核心考点必刷题

考点 1　产业政策的类型

例： 按照政策作用的方式不同，产业政策可分为选择性产业政策和功能性产业政策。其中选择性产业政策的重点是政府通过（ABC）等形式直接支持、扶持、保护或者限制某些产业的发展，以加快产业结构转型升级、推动经济发展。

A. 补贴　　B. 税收　　C. 法规　　D. 人才培训

E. 研发补贴　　F. 市场服务

题号	拓展同类必刷题	答案
1	功能性产业政策一般不针对具体产业，重点是政府通过（　　）等形式完善整体产业发展环境，进而提高产业竞争力。	DEF

考点点评

1. 通过本考点例题的题干部分可知：产业政策分为选择性产业政策和功能性产业政策。这也是一个很好的采分点，大家要注意。

考点点评

2. 关于选择性产业政策与功能性产业政策，还需要掌握以下可考采分点：

（1）选择性产业政策和功能性产业政策的概念。

（2）通过选择性产业政策的实施，在工业化进程中起到了（　　）作用。

（3）在功能性产业政策中，政府与市场之间是（　　）的关系。

（4）功能性产业政策的内容有（　　）。

3. 除上述内容外还需要掌握的是：产业政策是项目评估、规划咨询、投资策划等工作的重要依据。

考点2　产业政策的实施手段

例：产业政策的实施手段包括（ABCDEF）。

A. 财税手段　　B. 金融手段　　C. 贸易保护措施

D. 法律措施　　E. 组织措施　　F. 信息服务措施

题号	拓展同类必刷题	答案
1	实施产业政策的（　　）主要包括保护关税、进口限制、外资流入限制以及技术引进限制。	C
2	实施产业政策的（　　）主要包括发放补贴、减免税费。	A

考点3　产业政策体系

例：产业政策体系包括产业组织政策、产业结构政策、产业技术政策、产业布局政策、产业金融政策。其中，产业组织政策包括（ABCDEF）。

A. 反垄断政策

B. 反不正当竞争政策

C. 竞争性产业的政府规制

D. 自然垄断产业的政府规制

E. 企业兼并与合并政策

F. 中小企业政策

G. 瓶颈产业扶持政策

H. 主导产业培育政策

I. 幼稚产业保护政策

J. 衰退产业调整政策

K. 确定产业发展优先序列

L. 研究与开发扶持政策

M. 高技术产业政策

N. 技术引进政策

O. 确立不同地区的主导产业和产业发展序列

P. 合理规划产业的建设和布局

Q. 协调区域间的产业发展关系，减少地区之间的矛盾和摩擦

题号	拓展同类必刷题	答案
1	产业结构政策是政府推动产业结构转换、促进产业结构优化升级的政策，主要包括（　　）。	GHIJK
2	产业技术政策就是用以引导和促进产业技术进步的政策，主要包括（　　）。	LMN

（续）

题号	拓展同类必刷题	答案
3	产业布局政策是通过在不同的经济发展时期确定不同的产业布局目标，从而实现经济的健康、持续、稳定发展，其内容主要包括（　　）。	OPQ

考点点评

1. 关于选项A反垄断政策的具体知识点，还要掌握《中华人民共和国反垄断法》规定的垄断行为有哪些。

2. 产业政策体系共包括五大类，这五大类有哪些要记住，这里可能会考查一道多项选择题，题目可能会这样设置："产业政策体系包括（　　）。"

考点4　推动产业政策向普惠化和功能性转型

例：《中共中央 国务院关于新时代加快完善社会主义市场经济体制的意见》明确指出，要完善产业政策和区域政策体系，推动产业政策向普惠化和功能性转型。普惠化产业政策的"普惠"特征体现在（A）。

A. 有效化解政策歧视
B. 正确处理好不同类型的产业、企业之间的关系
C. 消除隐性壁垒和促进市场公平
D. 进一步对外打开门户
E. 保障各类产业、行业的公平竞争
F. 尊重民营企业及其创业者
G. 充分弥补市场失灵
H. 正确处理好政府与市场的关系
I. 促进市场竞争和提高经济效率
J. 更加尊重市场经济的一般规律
K. 最大限度地减少政府对市场资源的直接配置和对微观经济活动的直接干预
L. 充分发挥市场在资源配置中决定性作用的同时，更好地发挥政府的"补位"作用

题号	拓展同类必刷题	答案
1	普惠化产业政策的核心在于（　　）。	B
2	普惠化产业政策的目标在于（　　）。	C
3	普惠化产业政策要求在宏观上应当（　　），以形成统一开放和竞争有序的市场体系。	D
4	普惠化产业政策要求在中观上应当（　　），以确保产业政策的功能能够得到有效发挥。	E
5	普惠化产业政策要求在微观上应当（　　），以在转变政府自身角色的过程中真正消除所有制歧视和规模歧视。	F
6	功能性产业政策的主要功能在于（　　）。	G
7	功能性产业政策的核心在于（　　）。	H
8	功能性产业政策的目标在于（　　）。	I
9	功能性产业政策要求（　　）。	JKL

考点点评

以上题目中画线部分的关键词要特别注意一下，考查的可能性很大。

四、本章真题实训

1.【2022 年真题】下列业务中，属于自然垄断业务的是（　　）。

A. 高压输电　　B. 电力生产　　C. 电力设备供应　　D. 电力供应

2.【2021 年真题】在自然垄断行业规制政策中处于核心地位的是（　　）。

A. 协调规制　　B. 进入规制　　C. 价格规制　　D. 竞争规制

3.【2023 年真题】下列政策措施中，属于产业结构政策的有（　　）。

A. 竞争性产业的政府规制　　B. 确定产业发展优先序列

C. 瓶颈产业扶持政策　　D. 主导产业培育政策

E. 幼稚产业保护政策

4.【2022 年真题】下列属于功能性产业政策内容的有（　　）。

A. 确定并支持主导产业发展　　B. 完善市场制度

C. 改善营商环境　　D. 维护公平竞争

E. 鼓励技术创新

5.【2022 年真题】下列行为中，属于《中华人民共和国反垄断法》指出的垄断行为的有（　　）。

A. 经营者达成垄断协议

B. 经营者滥用市场支配地位

C. 低价倾销，扰乱市场竞争秩序

D. 可能具有排除竞争效果的经营者集中

E. 具有限制竞争效果的经营者集中

6.【2021 年真题】根据《中共中央　国务院关于新时代加快完善社会主义市场经济体制的意见》，稳步推进自然垄断行业改革的主要内容有（　　）。

A. 政企分开　　B. 政资分开　　C. 政府监管　　D. 充分竞争

E. 特许经营

7.【2020 年真题】实施产业技术政策的目的是促进产业的总体化扶持和推进产业向高端化发展，下列属于产业技术政策的有（　　）。

A. 研究与开发扶持　　B. 发展高技术产业

C. 瓶颈产业扶持　　D. 主导产业培育

E. 技术引进

8.【2020 年真题】产业组织政策是政府为了维护有效市场竞争而制定的调整市场结构、规范市场行为政策，下列属于产业组织政策的有（　　）。

A. 技术引进政策　　B. 反垄断政策

C. 企业兼并与合并政策　　D. 确定产业发展优先序列政策

E. 中小企业政策

五、本章真题实训答案及解析

1. A。电力行业的业务中只有高压输电和低压配电属于自然垄断业务。而电力设备供应、电力生产和供应则属于竞争性业务。

2. B。自然垄断产业的规制政策中最核心的首先是进入规制，其次是价格规制。

3. BCDE。产业结构政策除上述选项 BCDE 外，还包括衰退产业调整政策。

4. BCDE。选项 A 属于对选择性产业政策的描述。

5. ABDE。《中华人民共和国反垄断法》规定的垄断行为包括：①经营者达成垄断协议；②经营者滥用市场支配地位；③具有或者可能具有排除、限制竞争效果的经营者集中。

6. ABCE。《中共中央　国务院关于新时代加快完善社会主义市场经济体制的意见》指出，稳步推进自然垄断行业改革，深化以政企分开、政资分开、特许经营、政府监管为主要内容的改革。

7. ABE。产业技术政策包括研究与开发扶持、发展高技术产业、技术引进等主要方面。

8. BCE。产业组织政策包括：①反垄断政策；②反不正当竞争政策；③竞争性产业的政府规制；④自然垄断产业的政府规制；⑤企业兼并与合并政策；⑥中小企业政策。选项 A 属于产业技术政策，选项 D 属于产业结构政策。

六、本章同步练习

（一）单项选择题（每题 1 分。每题的备选项中，只有 1 个符合题意）

1. 不属于竞争性产业政府规制主要内容的是（　　）。

A. 价格规制　　B. 质量规制

C. 成本规制　　D. 数量规制

2. 针对国内尚未成熟的产业应采取的产业政策实施手段和举措是（　　）。

A. 财税手段　　B. 金融手段

C. 贸易保护措施　　D. 信息服务措施

3. 下列属于鼓励竞争和限制垄断的产业组织政策具体内容的是（　　）。

A. 反不正当竞争政策　　B. 中小企业政策

C. 直接规制政策　　D. 企业兼并政策

4. 下列属于产业技术政策的是（　　）。

A. 主导产业培育政策　　B. 研究与开发扶持政策

C. 幼稚产业保护政策　　D. 衰退产业调整援助政策

5. 下列关于产业结构政策的表述，正确的是（　　）。

A. 对瓶颈产业采取限制政策　　B. 对主导产业采取培育政策

C. 对幼稚产业采取扶持政策　　D. 对衰退产业采取淘汰政策

6. 下列选项中，（　　）是现代金融的核心和基础，在推动传统产业优化升级、新兴产业培育发展方面发挥着越来越重要的作用。

A. 高效稳健的金融体系　　B. 政策性金融机构

C. 资本市场　　D. 研究与开发扶持政策

（二）多项选择题（每题 2 分。每题的备选项中，有 2 个或 2 个以上符合题意，至少有 1 个错项。错选，本题不得分；少选，所选的每个选项得 0.5 分）

1. 影响产业布局的基本因素有（　　）。

A. 自然因素　　B. 物流因素

C. 集聚因素　　D. 风险因素

E. 市场因素

2. 贸易保护措施作为实施产业政策的手段之一，主要包括（　　）。

A. 保护关税　　B. 进口限制

C. 发放补贴　　D. 外资流入限制

E. 制定特别偿还制度

3. 对产业发展起主要作用的金融政策包括（　　）。

A. 设立政策性金融机构　　B. 企业兼并与合并

C. 高效稳健的金融体系　　D. 培育资本市场

E. 发展创业板市场

4. 选择性产业政策是政府通过（　　）等形式直接支持、扶持、保护或者限制某些产业的发展，以加快产业结构转型升级、推动经济发展。

A. 人才培训　　B. 补贴

C. 税收　　D. 市场服务

E. 法规

七、本章同步练习答案

（一）单项选择题

1. C	2. C	3. A	4. B
5. B	6. C		

（二）多项选择题

1. ABCE	2. ABD	3. ACD	4. BCE

第六章 社会政策

一、本章核心考点分布

社会政策 —— 社会政策（2019年、2021年、2022年）

二、专家剖析考点

1. 社会政策涉及教育、就业、社会保障、减贫、基本公共服务均等化以及健康等主要领域，每项政策的具体实施措施是需要考生重点掌握的内容。

2. 了解改革开放以来我国社会政策的历史沿革。

3. 熟悉高质量发展阶段我国社会政策的发展方向。

三、本章核心考点必刷题

考点 社会政策

例： 社会政策是通过国家立法和政府行政干预，解决社会问题，促进社会安全，改善社会环境，增进社会福利的一系列政策、行动准则和规定的总称，核心是解决市场经济中民众的社会风险，社会政策的类型包括（ABCDEF）。

A. 就业政策　　B. 教育政策

C. 健康与医疗卫生政策　　D. 减贫政策

E. 基本公共服务均等化政策　　F. 社会保障政策

题号	拓展同类必刷题	答案
1	政府为劳动者提供就业机会、合理分配就业机会、解决失业问题和保护劳动者权利而采取的各种行动的总和被称为（　　）。	A
2	在社会政策的类型中，（　　）的基本目标是满足劳动者就业的需要，维护与就业有关的各种合法权益，并关系到社会经济活动的稳定有效运行。	A
3	在现代市场经济条件下，（　　）的实质是政府通过公共行动对劳动力市场的干预。	A
4	我国的高校扩招政策、中小学“减负”政策等均属于（　　）。	B
5	实施（　　）有助于公平分配，实现公平和效率的统一。	E

考点点评

1. 社会政策共两个重要的采分点：一是类型；二是作用。关于社会政策类型的可考题目已在上面详尽列出了，而社会政策的作用主要表现在：

（1）维护和保障人民群众特别是弱势群体的基本人权。

（2）实现社会公平分配、缩小收入水平差距。

（3）化解社会矛盾、减少乃至避免社会冲突、维持社会稳定。

2. 关于基本公共服务均等化政策，还要掌握一个必然要求：

建立健全基本公共服务标准体系，明确中央与地方提供基本公共服务的质量水平和支出责任，以标准化促进基本公共服务均等化、普惠化、便捷化，是新时代提高保障和改善民生水平、推进国家治理体系和治理能力现代化的必然要求。

四、本章真题实训

1.【2022 年真题】《关于建立健全基本公共服务标准体系的指导意见》提出，以标准化促进基本公共服务（　　）。

A. 均等化、普惠化、便捷化　　B. 品质化、均等化、普惠化

C. 信息化、便捷化、均等化　　D. 数字化、普惠化、品质化

2.【2021 年真题】我国实行食品安全战略的目的是（　　）。

A. 倡导健康文明生活方式　　B. 预防控制重大疾病

C. 让人民吃得放心　　D. 发展健康产业

3.【2021 年真题】社会政策的作用不包括（　　）。

A. 以维护和保障人民群众特别是弱势群体的基本人权为己任

B. 社会政策在化解社会矛盾、减少乃至避免社会冲突，维持社会稳定方面发挥着重要作用

C. 社会政策在实现社会公平分配、缩小收入水平差距方面发挥着特殊的调节作用

D. 解除劳动者对未来风险的后顾之忧而调动广大劳动者的工作积极性，从而提高工作效率

4.【2020 年真题】按照构建和谐劳动关系的要求，我国要完善（　　）共同参与的协商机制。

A. 政府、企业、职工　　B. 政府、工会、企业

C. 工会、企业、职工　　D. 政府、工会、职工

5.【2022 年真题】下列政策中，属于社会政策的有（　　）。

A. 公平竞争政策　　B. 乡村振兴政策

C. 收入分配政策　　D. 基本公共服务均等化政策

E. 就业政策

6.【2021 年真题】社会政策重点关注的内容是（　　）。

A. 就业　　B. 教育　　C. 健康　　D. 社会保障

E. 绿色

7.【2019 年真题】社会保障作为现代社会中一个重要的制度安排，在维持经济正常运行与促进社会发展方面发挥的积极作用包括（　　）。

A. 促进收入合理分配　　B. 保障基本需求

C. 维护社会稳定　　D. 促进社会发展

E. 加快经济发展

五、本章真题实训答案及解析

1. A。《关于建立健全基本公共服务标准体系的指导意见》指出，建立健全基本公共服务标准体系，明确中央与地方提供基本公共服务的质量水平和支出责任，以标准化促进基本公共服务均等化、普惠化、便捷化，是新时代提高保障和改善民生水平、推进国家治理体系和治理能力现代化的必然要求。

2. C。实施食品安全战略的目的是让人民吃得放心。

3. D。社会政策的作用：①维护和保障人民群众特别是弱势群体的基本人权；②实现社会公平分配、缩小收入水平差距；③化解社会矛盾、减少乃至避免社会冲突、维持社会稳定。

4. B。提高就业质量和人民收入水平，要完善政府、工会、企业共同参与的协商协调机制，构建和谐劳动关系。

5. DE。社会政策的类型包括就业政策；教育政策；健康与医疗卫生政策；减贫政策；基本公共服务均等化政策；社会保障政策。

6. ABCD。社会政策重点关注的内容包括教育、就业、社会保障、脱贫、健康等重点民生领域。

7. BCD。社会保障政策的作用表现在：保障基本需求；维护社会稳定；促进社会发展。

六、本章同步练习

（一）单项选择题（每题1分。每题的备选项中，只有1个符合题意）

1. 在现代市场经济条件下，（　　）的实质是政府通过公共行动对劳动力市场的干预。

A. 社会保障政策　　B. 减贫政策

C. 就业政策　　D. 教育政策

2. 下列属于减贫政策的是（　　）。

A. 积极培育劳动力市场　　B. 拓宽居民劳动收入和财产性收入渠道

C. 加快推进基本公共服务均等化　　D. 现金救助

3. 缩小城乡差距以及地区间不均衡发展的重要途径是（　　），同时这也是衡量共享改革发展成果的可行标准。

A. 减贫　　B. 健康与医疗卫生

C. 基本公共服务均等化　　D. 社会保障制度

4. 下列选项中，（　　）是促进人的全面发展的必然要求，是经济社会发展的基础条件。

A. 健康　　B. 医疗卫生　　C. 教育　　D. 就业

5. 对没有劳动能力和劳动机会的成员提供物质或服务，以保障其基本生活需要的制度是（　　）。

A. 充分就业制度　　B. 社会救济制度

C. 劳动保险制度　　D. 社会保障制度

6. 在贯彻落实五位一体总体布局时，要着力践行以人民为中心的发展思想，（　　）是最终的目的。

A. 共享　　B. 共同富裕

C. 民生　　D. 民心

（二）多项选择题（每题2分。每题的备选项中，有2个或2个以上符合题意，至少有1个错项。错选，本题不得分；少选，所选的每个选项得0.5分）

1. 社会政策的类型主要包括（　　）。

A. 减贫政策　　B. 保障政策

C. 经济政策
D. 健康与医疗卫生政策
E. 就业政策

2. 我国的社会政策涉及多个领域，其中社会保障政策的作用包括（　　）。
A. 发挥市场机制
B. 维护社会稳定
C. 维护社会公平
D. 保障基本需求
E. 促进社会发展

3. 在现阶段，加强社会保障体系建设可采取的措施有（　　）。
A. 大规模开展职业技能培训
B. 全面实施全民参保计划
C. 提供全方位公共就业服务
D. 完善失业、工伤保险制度
E. 统筹城乡社会救助体系，完善最低生活保障制度

4. 为提高就业质量和人民收入水平应采取的措施有（　　）。
A. 大规模开展职业技能培训
B. 提供全方位公共就业服务
C. 完善社会救助、社会福利、慈善事业、优抚安置等制度
D. 完善统一的城乡居民基本医疗保险制度和大病保险制度
E. 履行好政府再分配调节职能，加快推进基本公共服务均等化

七、本章同步练习答案

（一）单项选择题

1. C	2. D	3. C	4. A	5. D	6. A

（二）多项选择题

1. ABDE	2. BDE	3. BDE	4. ABE

第七章

生态文明建设

一、本章核心考点分布

生态文明建设

- 推动形成绿色发展方式和生活方式的重点任务（2021年）
- 加快推进生态文明建设的基本原则（2017年、2018年、2019年、2022年）
- 建立健全生态文明制度体系
- 着力解决突出环境问题（2022年）
- 建立健全绿色低碳循环发展经济体系（2021年、2022年）
- 《全国重要生态系统保护和修复重大工程总体规划（2021—2035年）》目标（2021年）
- 《全国重要生态系统保护和修复重大工程总体规划（2021—2035年）》总体布局及具体任务（2022年）
- 碳达峰碳中和（2022年）

二、专家剖析考点

1. 重点掌握我国生态文明建设的基本原则，每年会考核 1 ~ 2 分。
2. 掌握推进经济绿色低碳循环发展的具体措施。
3. 掌握解决突出环境问题的具体措施。
4. 重点掌握全国重要生态系统保护和修复重大工程的规划目标、总体布局以及具体任务。
5. 掌握碳达峰碳中和中的中国承诺和重点工作。

三、本章核心考点必刷题

考点 1　推动形成绿色发展方式和生活方式的重点任务

例： 推动形成绿色发展方式和生活方式提出的重点任务是要（ABCDEF）。

A. 加快转变经济发展方式　　B. 加大环境污染综合治理
C. 加快推进生态保护修复　　D. 全面促进资源节约集约利用
E. 倡导推广绿色消费　　F. 完善生态文明制度体系

题号	拓展同类必刷题	答案
1	推动形成绿色发展方式和生活方式提出的重点任务中，属于供给侧结构性改革的重要任务的是（　　）。	A
2	要以解决大气、水、土壤污染等突出问题为重点，是推动形成绿色发展方式和生活方式的重点任务中（　　）提出的具体任务。	B
3	开展大规模国土绿化行动，加快水土流失和荒漠化石漠化综合治理，是推动形成绿色发展方式和生活方式的重点任务中（　　）提出的具体任务。	C
4	健全自然资源资产管理体制，加强自然资源和生态环境监管，是推动形成绿色发展方式和生活方式的重点任务中（　　）提出的具体任务。	F

考点2　加快推进生态文明建设的基本原则

例：根据《中共中央　国务院关于加快推进生态文明建设的意见》，加快推进生态文明建设应坚持把（ABC）作为基本方针。

A. 节约优先　　B. 保护优先　　C. 自然恢复为主　　D. 绿色发展
E. 循环发展　　F. 低碳发展　　G. 深化改革　　H. 创新驱动
I. 重点突破　　J. 整体推进　　K. 培育生态文化

题号	拓展同类必刷题	答案
1	根据《中共中央　国务院关于加快推进生态文明建设的意见》，生态文明体制改革应坚持把（　　）作为基本途径。	DEF
2	根据《中共中央　国务院关于加快推进生态文明建设的意见》，生态文明体制改革应坚持把（　　）作为基本动力。	GH
3	根据《中共中央　国务院关于加快推进生态文明建设的意见》，生态文明体制改革应坚持把（　　）作为重要支撑。	K
4	根据《中共中央　国务院关于加快推进生态文明建设的意见》，生态文明体制改革应坚持把（　　）作为工作方式。	IJ
5	根据《中共中央　国务院关于加快推进生态文明建设的意见》的相关规定，在资源开发与节约中，应当（　　），以最少的资源消耗支撑经济社会持续发展。	A
6	根据《中共中央　国务院关于加快推进生态文明建设的意见》的相关规定，在环境保护与发展中，应当（　　），在发展中保护、在保护中发展。	B
7	根据《中共中央　国务院关于加快推进生态文明建设的意见》的相关规定，在生态建设与修复中，应当（　　），与人工修复相结合。	C

考点点评

掌握以上画线部分，在考试时也极有可能在这些地方挖空考核。

考点3　建立健全生态文明制度体系

例：《生态文明体制改革总体方案》明确要求建立健全的生态文明制度包括（ABCDEFGH）。

A. 健全自然资源资产产权制度
B. 建立国土空间开发保护制度
C. 建立空间规划体系

D. 完善资源总量管理和全面节约制度
E. 健全资源有偿使用和生态补偿制度
F. 建立健全环境治理体系
G. 健全环境治理和生态保护市场体系
H. 完善生态文明绩效评价考核和责任追究制度

题号	拓展同类必刷题	答案
1	探索建立分级行使所有权的体制，这是《生态文明体制改革总体方案》中明确要求（　　）的具体举措。	A
2	完善主体功能区制度，健全国土空间用途管制制度，这是《生态文明体制改革总体方案》中明确要求（　　）的具体举措。	B
3	推进市县“多规合一”，这是《生态文明体制改革总体方案》中明确要求（　　）的具体举措。	C
4	完善最严格的水资源管理制度，这是《生态文明体制改革总体方案》中明确要求（　　）的具体举措。	D
5	加快自然资源及其产品价格改革与建立耕地草原河湖休养生息制度，这是《生态文明体制改革总体方案》中明确要求（　　）的具体举措。	E
6	完善污染物排放许可制、建立农村环境治理体制机制与严格实行生态环境损害赔偿制度，这是《生态文明体制改革总体方案》中明确要求（　　）的具体举措。	F
7	推行用能权和碳排放权交易制度，这是《生态文明体制改革总体方案》中明确要求（　　）的具体举措。	G
8	建立资源环境承载能力监测预警机制，这是《生态文明体制改革总体方案》中明确要求（　　）的具体举措。	H

考点点评

1. 一定要注意区分“建立”“健全”“完善”。
2. 考核单选题只有以上 8 个题目，考核多选题时，会在 8 个选项中任选 2 ~4 个来命题。

考点 4　着力解决突出环境问题

例：加强生态文明建设必须着力解决突出环境问题，打赢蓝天保卫战的措施包括（ABCD）。
A. 持续实施大气污染防治行动
B. 推动“散乱污”企业整治、重点行业污染源治理
C. 抓好北方地区清洁供暖
D. 加强机动车尾气治理，提高铁路货运量，降低公路货运量
E. 抓好重点流域、近岸海域污染防治
F. 大力整治不达标水体、黑臭水体和纳污坑塘
G. 加强地下水污染综合防治
H. 以农用地和重点行业企业用地为重点，开展土壤污染状况详查
I. 加强农业面源污染治理
J. 推进农业清洁生产
K. 深入开展化肥、农药零增长行动
L. 加大畜禽养殖废弃物和农作物秸秆综合利用力度
M. 推进绿色“一带一路”建设
N. 加强参与国的环保合作

题号	拓展同类必刷题	答案
1	加强生态文明建设必须着力解决突出环境问题，加快水污染防治的措施包括（　　）。	EFG
2	加强生态文明建设必须着力解决突出环境问题，属于强化土壤污染管控和修复措施的是（　　）。	H
3	加强生态文明建设必须着力解决突出环境问题，开展农村人居环境整治行动的措施包括（　　）。	IJKL
4	加强生态文明建设必须着力解决突出环境问题，积极参与全球环境治理的措施包括（　　）。	MN

考点5　建立健全绿色低碳循环发展经济体系

例：根据《关于加快建立健全绿色低碳循环发展经济体系的指导意见》，建立健全绿色低碳循环发展经济体系的重点任务包括（ABCDEF）。

A. 健全绿色低碳循环发展的流通体系
B. 健全绿色低碳循环发展的生产体系
C. 健全绿色低碳循环发展的消费体系
D. 加快基础设施绿色升级
E. 构建市场导向的绿色技术创新体系
F. 完善法律法规政策体系
G. 坚持重点突破
H. 坚持创新引领
I. 坚持稳中求进
J. 坚持市场导向

题号	拓展同类必刷题	答案
1	根据《关于加快建立健全绿色低碳循环发展经济体系的指导意见》，加强再生资源回收利用，建立绿色贸易体系属于（　　）的具体措施。	A
2	根据《关于加快建立健全绿色低碳循环发展经济体系的指导意见》，提升产业园区和产业集群循环化水平，构建绿色供应链属于（　　）的具体措施。	B
3	根据《关于加快建立健全绿色低碳循环发展经济体系的指导意见》，完善绿色标准、绿色认证体系和统计监测制度，培育绿色交易市场机制属于（　　）的具体措施。	F
4	建立健全绿色低碳循环发展经济体系的工作原则体现在（　　）。	GHIJ

考点点评

还需要了解的一个知识点是建立健全绿色低碳循环发展经济体系的主要目标，要注意区分2025年和2035年对应的不同目标。

考点6　《全国重要生态系统保护和修复重大工程总体规划（2021—2035年）》目标

例：根据《全国重要生态系统保护和修复重大工程总体规划（2021—2035年）》的部署，以国家公园为主体的自然保护地占陆域国土面积（A）以上。

A. 18%　　B. 26%　　C. 35%　　D. 60%
E. 75%

题号	拓展同类必刷题	答案
1	根据《全国重要生态系统保护和修复重大工程总体规划（2021—2035年）》的部署，森林覆盖率达到（　　）。	B

（续）

题号	拓展同类必刷题	答案
2	根据《全国重要生态系统保护和修复重大工程总体规划（2021—2035年）》的部署，海洋生态恶化的状况得到全面扭转，自然海岸线保有率不低于（　　）。	C
3	根据《全国重要生态系统保护和修复重大工程总体规划（2021—2035年）》的部署，草原综合植被盖度达到（　　）。	D
4	根据《全国重要生态系统保护和修复重大工程总体规划（2021—2035年）》的部署，确保湿地面积不减少，湿地保护率提高到（　　）。	D
5	根据《全国重要生态系统保护和修复重大工程总体规划（2021—2035年）》的部署，（　　）以上的可治理沙化土地得到治理。	E

考点7 《全国重要生态系统保护和修复重大工程总体规划（2021—2035年）》总体布局及具体任务

例：《全国重要生态系统保护和修复重大工程总体规划（2021—2035年）》提出了以“三区四带”为核心的全国重要生态系统保护和修复重大工程总体布局，对青藏高原生态屏障区提出的主攻方向是（AB）。

A. 以推动高寒生态系统自然恢复为导向
B. 立足三江源草原草甸湿地生态功能区
C. 遵循“共同抓好大保护，协同推进大治理”
D. 以增强黄河流域生态系统稳定性为重点
E. 立足黄土高原丘陵沟壑水土保持生态功能区
F. 牢固树立“共抓大保护、不搞大开发”的理念
G. 以推动亚热带森林、河湖、湿地生态系统的综合整治和自然恢复为导向
H. 立足川滇森林及生物多样性生态功能区
I. 坚持以“森林是陆地生态系统的主体和重要资源，是人类生存发展重要保障”为根本遵循
J. 以推动森林生态系统、草原生态系统自然恢复为导向
K. 立足大小兴安岭森林生态功能区等3个国家重点生态功能区
L. 以推动森林、草原和荒漠生态系统的综合整治和自然恢复为导向
M. 立足京津冀协同发展需要和塔里木河荒漠化防治生态功能区等6个国家重点生态功能区
N. 以增强森林生态系统质量和稳定性为导向
O. 立足南岭山地森林及生物多样性重点生态功能区
P. 以海岸带生态系统结构恢复和服务功能提升为导向
Q. 立足辽东湾等12个重点海洋生态区和海南岛中部山区热带雨林国家重点生态功能区

题号	拓展同类必刷题	答案
1	《全国重要生态系统保护和修复重大工程总体规划（2021—2035年）》提出了以“三区四带”为核心的全国重要生态系统保护和修复重大工程总体布局，对黄河重点生态区提出的主攻方向是（　　）。	CDE
2	《全国重要生态系统保护和修复重大工程总体规划（2021—2035年）》提出了以“三区四带”为核心的全国重要生态系统保护和修复重大工程总体布局，对长江重点生态区提出的主攻方向是（　　）。	FGH

（续）

题号	拓展同类必刷题	答案
3	《全国重要生态系统保护和修复重大工程总体规划（2021—2035年）》提出了以“三区四带”为核心的全国重要生态系统保护和修复重大工程总体布局，对东北森林带提出的主攻方向是（　　）。	IJK
4	《全国重要生态系统保护和修复重大工程总体规划（2021—2035年）》提出了以“三区四带”为核心的全国重要生态系统保护和修复重大工程总体布局，对北方防沙带提出的主攻方向是（　　）。	LM
5	《全国重要生态系统保护和修复重大工程总体规划（2021—2035年）》提出了以“三区四带”为核心的全国重要生态系统保护和修复重大工程总体布局，对南方丘陵山地带提出的主攻方向是（　　）。	NO
6	《全国重要生态系统保护和修复重大工程总体规划（2021—2035年）》提出了以“三区四带”为核心的全国重要生态系统保护和修复重大工程总体布局，对海岸带提出的主攻方向是（　　）。	PQ

考点点评

本考点还有几个可能要点需要掌握：

1.《全国重要生态系统保护和修复重大工程总体规划（2021—2035年）》以（　　）为基础贯彻落实主体功能区战略。

2.《全国重要生态系统保护和修复重大工程总体规划（2021—2035年）》以（　　）等为重点贯彻落实主体功能区战略。

3.《全国重要生态系统保护和修复重大工程总体规划（2021—2035年）》统筹考虑了（　　），提出了以（　　）为核心的全国重要生态系统保护和修复重大工程总体布局。

4. 关于具体任务要具体掌握九大工程及其具体构成。

考点8　碳达峰碳中和

例：“十四五”碳达峰重点工作包括（ABCDEFGHIJK）。

A. 构建清洁低碳安全高效的能源体系

B. 控制化石能源总量，着力提高利用效能，实施可再生能源替代行动

C. 深化电力体制改革，构建以新能源为主体的新型电力系统

D. 实施重点行业领域减污降碳行动，工业领域要推进绿色制造，建筑领域要提升节能标准，交通领域要加快形成绿色低碳运输方式

E. 推动绿色低碳技术实现重大突破，抓紧部署低碳前沿技术研究，加快推广应用减污降碳技术

F. 建立完善绿色低碳技术评估、交易体系和科技创新服务平台

G. 完善绿色低碳政策和市场体系，完善能源“双控”制度

H. 完善有利于绿色低碳发展的财税、价格、金融、土地、政府采购等政策

I. 倡导绿色低碳生活

J. 提升生态碳汇能力，提升生态系统碳汇增量

K. 加强应对气候变化国际合作，推进国际规则标准制定，建设绿色丝绸之路

考点点评

1. 关于中国承诺，要掌握的是：

（1）二氧化碳排放2030年前达到峰值。

（2）2060年前实现碳中和。

考点点评

（3）到2030年，中国单位国内生产总值二氧化碳排放将比2005年下降65%以上，非化石能源占一次能源消费比重将达到25%左右，森林蓄积量将比2005年增加60亿m^3，风电、太阳能发电总装机容量将达到12亿kW以上。

2. 关于碳达峰碳中和的基本思路主要掌握如下要点：

（1）坚定不移贯彻新发展理念，坚持系统观念，处理好（　　）的关系，以经济社会发展全面绿色转型为引领，以能源绿色低碳发展为关键，加快形成节约资源和保护环境的产业结构、生产方式、生活方式、空间格局，坚定不移走生态优先、绿色低碳的高质量发展道路。

（2）坚持全国统筹，强化顶层设计，要把（　　）放在首位。

（3）坚持政府和市场两手发力。

四、本章真题实训

1.【2022年真题】我国加快推进生态文明建设必须坚持的基本方针是（　　）。
A. 节约优先、保护优先、自然恢复为主
B. 绿色发展、循环发展、低碳发展
C. 重点突破和整体推进相结合
D. 深化改革、创新驱动

2.【2022年真题】加强生态文明建设必须着力解决突出环境问题，下列措施中，属于农村人居环境整治行动的是（　　）。
A. 深化大气污染联防联控
B. 抓好重点流域污染治理
C. 实施农用地土壤环境分类管理
D. 加强农业面源污染治理

3.【2022年真题】根据《关于加快建立健全绿色低碳循环发展经济体系的指导意见》，下列任务中，属于健全绿色低碳循环发展流通体系重点工作任务的是（　　）。
A. 推进塑料污染全链条治理
B. 提高服务业绿色发展水平
C. 促进绿色产品消费
D. 加强再生资源回收利用

4.【2021年真题】推动形成绿色发展方式和生活方式，加强生态环境保护建设，必须加快构建的三条红线是（　　）。
A. 生态保护红线，永久基本农田，城镇开发边界
B. 生态功能保障基线，自然资源利用上线，城镇开发边界
C. 生态功能保障基线，环境质量安全底线，自然资源利用上线
D. 城镇开发边界，环境质量安全底线，自然资源利用上线

5.【2021年真题】根据《全国重要生态系统保护和修复重大工程总体规划（2021—2035年）》，2035年规划目标是（　　）。
A. 国家安全生态屏障体系基本建成
B. 自然生态系统实现良性循环
C. 海洋生态恶化状态有所好转
D. 全国森林自然生态系统基本好转

6.【2018年真题】根据《中共中央　国务院关于加快推进生态文明建设的意见》，我国生态文明建设的基本原则包括（　　）。
A. 坚持把绿色发展、循环发展、低碳发展作为基本途径
B. 坚持把深化改革和创新驱动作为基本动力
C. 坚持把培育生态文化作为重要支撑

D. 坚持把重点突破和整体推进作为工作方式

E. 坚持把加大生态建设投资作为重要抓手

五、本章真题实训答案及解析

1. A。加快推进生态文明建设需要坚持把节约优先、保护优先、自然恢复为主作为基本方针。

2. D。选项 A 属于打赢蓝天保卫战的措施。选项 B 属于加快水污染防治的措施。选项 C 属于强化土壤污染管控和修复的措施。

3. D。健全绿色低碳循环发展的流通体系的重点工作任务：要积极调整运输结构，加强物流运输组织管理，推广绿色低碳运输工具，加强再生资源回收利用，建立绿色贸易体系。

4. C。三大红线指的是生态功能保障基线，环境质量安全底线，自然资源利用上线。

5. A。选项 B 的正确表述应为：自然生态系统基本实现良性循环。选项 C 的正确表述应为：海洋生态恶化的状况得到全面扭转。选项 D 的正确表述应为：全国森林自然生态系统状况实现根本好转。

6. ABCD。根据《中共中央　国务院关于加快推进生态文明建设的意见》，我国生态文明建设的基本原则包括：①坚持把节约优先、保护优先、自然恢复为主作为基本方针；②坚持把绿色发展、循环发展、低碳发展作为基本途径，故选项 A 正确；③坚持把深化改革和创新驱动作为基本动力，故选项 B 正确；④坚持把培育生态文化作为重要支撑，故选项 C 正确；⑤坚持把重点突破和整体推进作为工作方式，故选项 D 正确。

六、本章同步练习

（一）单项选择题（每题 1 分。每题的备选项中，只有 1 个符合题意）

1. 根据《中共中央　国务院关于加快推进生态文明建设的意见》，加快推进生态文明建设应坚持把培育生态文化作为（　　）。

A. 基本方针　　B. 基本途径

C. 重要支撑　　D. 基本动力

2. 强化土壤污染管控和修复应以（　　）为重点，开展土壤污染状况详查。

A. 农用地和商业用地　　B. 工业用地

C. 农用地和重点行业企业用地　　D. 建筑用地

3. 依据《关于加快建立健全绿色低碳循环发展经济体系的指导意见》，做好绿色转型与经济发展、技术进步、产业接续、稳岗就业、民生改善的有机结合，积极稳妥、韧性持久地加以推进可以体现出建立健全绿色低碳循环发展经济体系（　　）的工作原则。

A. 坚持重点突破　　B. 坚持稳中求进

C. 坚持市场导向　　D. 坚持创新引领

4.《全国重要生态系统保护和修复重大工程总体规划（2021—2035 年）》，以（　　）为主线，明确了到 2035 年全国生态保护和修复工作的总体要求和主要目标，形成了推进全国重要生态系统保护和修复重大工程的基本框架。

A. 全面提升国家生态安全屏障质量　　B. 促进生态系统良性循环和永续利用

C. 统筹山水林田湖草一体化保护和修复　　D. 促进资源循环利用产业发展

5. 根据《全国重要生态系统保护和修复重大工程总体规划（2021—2035 年）》，（　　）的重要生态系统保护和修复工程应以推动森林、草原和荒漠生态系统的综合整治和自然恢复为导向。

A. 南方丘陵山地带　　B. 东北森林带

C. 北方防沙带　　D. 长江重点生态区

6. 关于实现碳达峰、碳中和的基本思路中，表述错误的是（　　）。

A. 以经济社会发展全面绿色转型为引领

B. 以有效统筹国际能源资源为关键

C. 坚定不移走生态优先、绿色低碳的高质量发展道路

D. 加快形成节约资源和保护环境的产业结构、生产方式、生活方式、空间格局

7. 实现碳达峰、碳中和的基本思路中，坚持全国统筹，强化顶层设计，发挥制度优势，压实各方责任，根据各地实际分类施策。要把（　　）放在首位。

A. 节约能源资源　　B. 生态优先

C. 加强国际交流合作　　D. 有效统筹国内国际能源资源

（二）多项选择题（每题2分。每题的备选项中，有2个或2个以上符合题意，至少有1个错项。错选，本题不得分；少选，所选的每个选项得0.5分）

1. 大力推进生态文明建设应着力解决突出环境问题，为此可采取的措施有（　　）。

A. 加快转变经济发展方式

B. 加快水污染防治，实施流域环境综合治理

C. 强化土壤污染管控和修复

D. 开展农村人居环境整治行动

E. 构建环境治理体系

2. 推动形成绿色发展方式和生活方式是贯彻新发展理念的必然要求，必须（　　），形成节约资源和保护环境的空间格局、产业结构、生产方式、生活方式，努力实现经济社会发展和生态环境保护协同共进，为人民群众创造良好生产生活环境。

A. 把生态文明建设摆在全局工作的突出地位

B. 坚持节约资源和保护环境的基本国策

C. 着力解决突出环境问题

D. 建立市场化多元化生态补偿机制

E. 坚持节约优先、保护优先、自然恢复为主的方针

3.《生态文明体制改革总体方案》明确要求建立健全的生态文明制度有（　　）。

A. 建立健全规划编制目录清单管理制度

B. 健全环境治理和生态保护市场体系

C. 建立空间规划体系

D. 完善资源总量管理和全面节约制度

E. 健全资源有偿使用和生态补偿制度

4. 根据《关于加快建立健全绿色低碳循环发展经济体系的指导意见》，完善法律法规政策体系的措施包括强化法律法规支撑，（　　），培育绿色交易市场机制。

A. 加速科技成果转化

B. 构建市场导向的绿色技术创新体系

C. 完善绿色标准、绿色认证体系和统计监测制度

D. 健全绿色收费价格机制

E. 加大财税扶持力度

5. 长江重点生态区生态保护和修复重大工程具体包括（　　）。

A. 国家级自然保护区保护和修复　　B. 国家级自然公园保护

C. 横断山区水源涵养与生物多样性保护　　D. 大巴山区生物多样性保护与生态修复

E. 国家公园建设

七、本章同步练习答案

（一）单项选择题

1. C	2. C	3. B	4. C	5. C
6. B	7. A			

（二）多项选择题

1. BCDE	2. ABE	3. BCDE	4. CDE	5. CD

第八章

规划体系与发展规划

一、本章核心考点分布

- 规划体系与发展规划
  - 规划的功能与特征
  - 规划体系的组成（2021年、2022年）
  - 规划层级（2017年、2018年、2022年）
  - 规划管理（2021年）
  - 发展规划实施（2022年）
  - 发展规划的主要内容（2021年）

二、专家剖析考点

1. 规划的功能与特征可能会考核1～2分。
2. 重点掌握规划体系的组成与规划层级的相关知识，这是本章的考核要点。
3. 掌握发展规划实施的相关知识，这一采分点仍可能会考核一道多项选择题。
4. 重点掌握发展规划的主要内容，这很可能是未来的考核热点。

三、本章核心考点必刷题

考点1　规划的功能与特征

例： 在我国统一规划体系中，有发展规划、专项规划、区域规划和空间规划等规划类型，其功能主要包括（ABCD）。

A. 综合协调功能　　B. 战略导向功能

C. 引导资源配置功能　　D. 政策指导调节功能

题号	拓展同类必刷题	答案
1	国家层面的发展规划，集中展示政府对未来国内外经济社会发展环境、发展趋势的分析和把握，这体现了规划功能中的（　）。	B

（续）

题号	拓展同类必刷题	答案
2	通过编制和实施规划，可以统筹兼顾、综合协调各方面的经济利益，妥善处理国家长远的、全局的目标和短期的、局部的目标之间的关系，妥善处理高质量发展与保护修复的关系，这体现了规划功能中的（　　）。	A
3	通过规划，以约束性和引导性手段，推进国家战略实施，落实国家宏观调控政策，有利于促进经济社会全面协调可持续发展，这体现了规划功能中的（　　）。	D
4	政府通过规划，进行优化配置，从而引导、带动全社会资源的市场配置，以弥补和矫正市场的短期性、波动性、盲目性，这体现了规划功能中的（　　）。	C

考点点评

规划的特征主要包括战略性；指导性；约束性；操作性。熟悉了解即可。

考点2　规划体系的组成

例：我国规划体系由（ABCD）组成。

A. 发展规划　　B. 专项规划

C. 区域规划　　D. 空间规划

题号	拓展同类必刷题	答案
1	国民经济和社会发展五年规划纲要属于（　　）。	A
2	指导特定领域发展、布局重大工程项目、合理配置公共资源、引导社会资本投向、制定相关政策的重要依据的规划是指（　　）。	B
3	指导特定区域发展和制定相关政策的重要依据的规划是指（　　）。	C
4	以空间治理和空间结构优化为主要内容，是实施国土空间用途管制和生态保护修复的重要依据的规划是指（　　）。	D

考点3　规划层级

例：我国发展规划按行政层级分为（ABC）。

A. 国家级规划　　B. 省级规划

C. 市县级规划　　D. 行业规划

题号	拓展同类必刷题	答案
1	由中央政府组织编制的规划是（　　）。	A
2	最高层级的规划是（　　），在实施中需要各级地方规划的贯彻落实和紧密配合，以保证规划所确定的目标和任务的实现。	A
3	由省（自治区、直辖市）人民政府以所辖行政区为对象编制的规划是（　　）。	B
4	我国发展规划按行政层级分为国家级规划、省（区、市）级规划、市县级规划。其中，（　　）具有承上启下的功能。	B
5	市县级人民政府以所辖行政区为对象编制的规划是（　　）。	C
6	我国三级发展规划体系中的末端规划是（　　）。	C
7	在我国三级发展规划体系中，（　　）是最贴近群众、最有约束力、最具操作性的规划。	C

考点点评

1. 选项 D 为考试时可能会出现的干扰项。

2. 关于本考点还需要掌握的一个知识点是当地方规划与国家级规划发生矛盾时应当如何处理。题目可能会这样设置："当地方规划与国家级规划发生矛盾时，正确的做法有（根据局部服从总体的原则，地方规划应当服从国家级规划，优先保证国家级规划的实现）"。

考点4　规划管理

例： 报请国务院批准的国家级专项规划、区域规划，由（A）会同有关部门统筹协调后编制目录清单或审批计划，报国务院批准实施。

A. 国务院发展改革部门　　B. 国务院自然资源主管部门

C. 国务院投资主管部门　　D. 国家金融监督管理机构

题号	拓展同类必刷题	答案
1	报请国务院批准的国家级空间规划，由（　　）会同发展改革部门编制目录清单，报国务院批准实施。	B
2	国务院各部门自行编制或批准的各类规划，须报（　　）备案。	A
3	省级发展规划须按程序报送（　　）进行衔接。	A
4	报请党中央、国务院批准的规划，须事先与国家发展规划进行统筹衔接，必要时由（　　）会同规划编制部门组织开展审查论证。	A
5	要依托现有政务信息平台，建设国家规划综合管理信息平台，推动规划基础信息互联互通和归集共享的部门是（　　）。	A

考点点评

1. 选项 C、D 为考试时可能会出现的干扰项。

2. 报请党中央、国务院批准的规划，须事先与国家发展规划进行统筹衔接的重点是规划目标，特别是（　　）。这个内容可以考核多选题。

考点5　发展规划实施

例 1： 为保证发展规划的实施应注意的事项包括（ABCDE）。

A. 加强规划实施评估　　B. 健全规划动态调整和修订机制

C. 完善规划实施监督者考核机制　　D. 健全规划审批和实施工作机制

E. 完善法律法规

例 2： 加强规划实施评估应采取的措施有（AB）。

A. 规划编制部门组织开展规划实施年度监测分析、中期评估和总结评估

B. 鼓励开展第三方评估，强化监测评估结果应用

C. 强化规划权威性、严肃性，未经法定程序批准，不得随意调整更改各类规划

D. 经评估确需对国家发展规划进行调整修订时，应由国务院提出调整建议，经党中央同意后，提请全国人民代表大会常务委员会审查批准

E. 各类规划编制部门要将规划实施情况作为政务信息公开的重要内容，及时公布实施进展，接受人大监督、审计监督和社会监督

F. 国家发展规划实施情况纳入各有关部门和地方各级领导班子、领导干部考核评价体系

G. 探索实行规划实施考核结果与被考核责任主体绩效相挂钩
H. 建立健全党委领导、人大批准、政府编制实施的国家发展规划工作机制
I. 国家发展规划根据党中央关于制定国民经济和社会发展五年规划的建议编制
J. 全国人民代表大会审查批准国家发展规划，并依法监督规划实施情况
K. 国务院编制实施国家发展规划，并按照优化协同高效的要求强化对其他各类规划的管理

题号	拓展同类必刷题	答案
1	健全规划动态调整和修订机制应采取的措施有（　　）。	CD
2	完善规划实施监督考核机制应采取的措施有（　　）。	EFG
3	健全规划审批和实施工作机制应采取的措施有（　　）。	HIJK

考点6　发展规划的主要内容

例：发展规划通常包括发展基础、规划指导思想、规划目标、主要任务、实施保障。下列属于发展基础内容的是（AB）。

A. 上一个五年规划的实施情况　　B. 国内外发展形势的判断
C. 明确遵循　　D. 明确战略
E. 明确要求　　F. 明确任务
G. 明确总体目标　　H. 总体目标
I. 主要目标　　J. 具体指标
K. 体制机制保障　　L. 法治保障
M. 管理与建设保障　　N. 要素保障

题号	拓展同类必刷题	答案
1	发展规划的指导思想是根据党中央的战略部署，结合国际环境的新变化和国内发展的新要求，对未来五年发展的总体思路，是发展规划战略性、宏观性、政策性的集中体现，一般包括（　　）等方面的内容。	CDEFG
2	规划目标集中体现了发展导向和需要达到的发展水平，主要包括（　　）。	HIJ
3	实施保障作为发展规划的内容之一，主要包括（　　）。	KLMN

考点点评

重点记忆例题题干中画线部分的内容，这里可能会考查一道多项选择题，题目可能会这样设置："发展规划的主要内容包括（发展基础、规划指导思想、规划目标、主要任务、实施保障）。"

四、本章真题实训

1. 【2022年真题】下列规划中，作为实施国土空间用途管制和生态保护修复重要依据的是（　　）。
A. 空间规划　　B. 区域规划　　C. 专项规划　　D. 发展规划

2. 【2022年真题】关于国家级区域规划的说法，正确的是（　　）。
A. 在我国规划体系中要强化国家级区域规划的基础作用
B. 关系国民经济和社会发展全局且需要中央政府发挥作用的市场失灵领域，原则上需编

制国家级区域规划

C. 国家级区域规划是以贯彻实施重大区域战略、协调解决跨行政区重大问题为重点的规划

D. 国家级区域规划为国家发展规划确定的重大战略任务落地实施提供空间保障

3.【2022 年真题】关于国家规划审批和实施工作机制的说法，错误的是（　　）。

A. 适时开展国家规划实施情况评估，评估结果报审批主体

B. 经评估确需调整修订的国家发展规划，由国家发展改革委提出调整建议

C. 各类规划编制部门要将规划实施情况作为政务信息公开的重要内容

D. 全国人民代表大会审查批准国家发展规划，并依法监督规划实施情况

4.【2021 年真题】下列规划中，属于指导特定区域发展和制定相关政策重要依据的是（　　）。

A. 发展规划　　B. 专项规划

C. 区域规划　　D. 空间规划

5.【2022 年真题】根据相关规定，规划编制部门要组织开展规划实施评估。规划实施评估包括（　　）。

A. 资产评估　　B. 项目评估

C. 社会稳定风险评估　　D. 中期评估

E. 总结评估

6.【2021 年真题】下列属于国民经济和社会发展年度计划与国家发展规划衔接的有（　　）。

A. 建立健全规划编制目录清单管理制度

B. 报请党中央、国务院批准的规划，须事先与国家发展规划进行统筹衔接

C. 省级发展规划须按程序报送国务院发展改革部门进行衔接

D. 加强国家级专项规划、区域规划与空间规划的衔接，确保规划落地

E. 发挥规划管理信息平台作用

7.【2018 年真题】地方规划与国家级规划发生矛盾时，正确的做法有（　　）。

A. 地方规划应当服从国家级规划

B. 优先保证国家级规划的实现

C. 以局部服从总体为原则

D. 制定国家级规划应以地方规划为依据

E. 在国家重点建设地区，国家级规划应当让位于地方规划

五、本章真题实训答案及解析

1. A。空间规划以空间治理和空间结构优化为主要内容，是实施国土空间用途管制和生态保护修复的重要依据。

2. C。应强化空间规划的基础作用，故选项 A 错误。选项 B 是关于国家级专项规划的表述。选项 D 是关于国家级空间规划的表述。

3. B。经评估确需对国家发展规划进行调整修订时，须按照新形势新要求调整完善规划内容，由国务院提出调整建议，经党中央同意后，提请全国人民代表大会常务委员会审查批准，故选项 B 错误。

4. C。区域规划是指导特定区域发展和制定相关政策的重要依据。

5. DE。规划编制部门要组织开展规划实施年度监测分析、中期评估和总结评估，鼓励开展第三方评估，强化监测评估结果应用。

6. BCD。除选项 B、C、D 外，关于强化规划衔接协调的内容还包括：①建立健全规划衔接协调机制，明确衔接原则和重点，规范衔接程序，确保各级各类规划协调一致。②衔接重点是规划

目标特别是约束性指标、发展方向、总体布局、重大政策、重大工程、风险防控等，必要时由国务院发展改革部门会同规划编制部门组织开展审查论证。选项 A、E 为干扰选项，并不属于强化规划衔接协调的内容。

7. ABC。当地方规划与国家级规划发生矛盾时，根据局部服从总体的原则，地方规划应当服从国家级规划，优先保证国家级规划的实现。

六、本章同步练习

（一）单项选择题（每题 1 分。每题的备选项中，只有 1 个符合题意）

1. 规划的主要功能不包括（　　）。

A. 战略导向功能　　B. 综合协调功能
C. 引导资源配置功能　　D. 公共服务功能

2. 我国发展规划按行政层级分为（　　）级。

A. 二　　B. 三　　C. 四　　D. 五

3. 国家发展规划由（　　）组织编制。

A. 国务院　　B. 国家发展改革部门
C. 国家行业主管部门　　D. 国家发展改革部门会同有关部门

4. 国家规划纲要的（　　）一般是根据党治国理政的要求、国家的发展战略、人民的期盼等提出的。

A. 总体目标　　B. 主要目标　　C. 预期性指标　　D. 具体指标

5. 国家发展规划（　　）要结合国内外发展环境的新变化新要求，重点评估实施进展情况及存在问题，提出推进规划实施建议，评估报告报国务院审定后提请全国人民代表大会常务委员会审议。

A. 总结评估　　B. 动态监测评估
C. 年度监测分析　　D. 中期评估

6. 指导特定领域发展、布局重大工程项目、合理配置公共资源、引导社会资本投向、制定相关政策的重要依据是（　　）。

A. 专项规划　　B. 区域规划　　C. 发展规划　　D. 空间规划

7. 主要目标在内容上应充分体现总体目标，涉及发展的各主要方面，通常采用（　　）。

A. 定性的方式
B. 定量的方式
C. 定性与定量相结合的方式，并以定性为主
D. 定性与定量相结合的方式，并以定量为主

（二）多项选择题（每题 2 分，每题的备选项中，有 2 个或 2 个以上符合题意，至少有 1 个错项。错选，本题不得分；少选，所选的每个选项得 0.5 分）

1. 规划编制部门要组织开展规划实施年度监测分析、中期评估和总结评估。国家级（　　）的评估结果向审批主体报告的同时，抄送国务院发展改革部门。

A. 专项规划　　B. 空间规划　　C. 区域规划　　D. 发展规划
E. 行业规划

2. 下列关于国家层面发展规划的说法中，正确的是（　　）。

A. 是全国各族人民共同的行动纲领
B. 主要是阐明国家战略意图、明确政府工作重点、引导规范市场主体行为
C. 是社会主义现代化战略在规划期内的阶段性部署和安排

D. 以空间治理和空间结构优化为主要内容

E. 是政府履行经济调节、市场监管、社会管理、公共服务、生态环境保护职能的重要依据

3. 发展规划的指导思想是根据党中央的战略部署，结合国际环境的新变化和国内发展的新要求，对未来五年发展的总体思路，是发展规划（　　）的集中体现。

A. 原则性　　B. 战略性　　C. 约束性　　D. 宏观性

E. 政策性

4. 报请党中央、国务院批准的规划，须事先与国家发展规划进行统筹衔接，衔接重点是规划目标特别是（　　）等。

A. 约束性指标　　B. 总体布局　　C. 重大政策　　D. 重大工程

E. 审批机关

七、本章同步练习答案

（一）单项选择题

1. D	2. B	3. A	4. A	5. D
6. A	7. C			

（二）多项选择题

1. ABC	2. ABCE	3. BDE	4. ABCD

第九章
国土空间规划

一、本章核心考点分布

国土空间规划
- 国土空间规划的级别
- 各级国土空间规划编制重点（2021年）
- 国土空间规划的编制要求
- 国土空间规划的实施与监管（2022年）
- 双评价的原则与作用（2022年）
- 双评价的主要内容（2022年）
- 统筹划定落实三条控制线（2021年）
- 省级国土空间规划（2022年、2023年）
- 市级国土空间总体规划（2021年、2022年）

二、专家剖析考点

1. 了解国土空间规划体系的总体框架。
2. 掌握国土空间规划的编制要求、实施与监管。
3. 重点掌握双评价的主要内容，这是本章的考核要点。
4. 掌握省级国土空间规划及市级国土空间总体规划的构成，同时也要注意两者的区别。

三、本章核心考点必刷题

考点1　国土空间规划的级别

例： 国土空间规划是对一定区域国土空间开发保护在空间和时间上做出的安排，包括（ABC）。

A. 总体规划　　B. 详细规划　　C. 相关专项规划

题号	拓展同类必刷题	答案
1	国家、省、市县编制国土空间（　　）。	A

（续）

题号	拓展同类必刷题	答案
2	在特定区域（流域）、特定领域，为体现特定功能，对空间开发保护利用做出的专门安排是（　　）。	C
3	国土空间总体规划是（　　）的依据。	B
4	国土空间总体规划是（　　）的基础。	C
5	相关专项规划要相互协同，并与（　　）做好衔接。	B

考点2　各级国土空间规划编制重点

例： 对全国国土空间做出全局安排的是（A），同时这也是全国国土空间保护、开发、利用、修复的政策和总纲。

A. 全国国土空间规划　　B. 省级国土空间规划
C. 市县国土空间规划　　D. 乡镇国土空间规划

题号	拓展同类必刷题	答案
1	由自然资源部会同相关部门组织编制，由党中央、国务院审定后印发的是（　　）。	A
2	由省级政府组织编制，经同级人大常委会审议后报国务院审批的是（　　）。	B
3	下列国土空间规划中，（　　）是本级政府对上级国土空间规划要求的细化落实，是对本行政区域开发保护做出的具体安排。	CD
4	具有战略性、协调性、综合性、约束性等特征，且在国土空间规划体系中发挥承上启下、统筹协调作用的是（　　）。	B

考点点评

1. 牢记各级国土空间规划的组织编制人，并要注意相互区分。

2. 注意：全国国土空间规划侧重战略性；省级国土空间规划侧重协调性；市县和乡镇国土空间规划侧重实施性。

3. 各地可选择将市县与乡镇国土空间规划合并编制，也可以几个乡镇为单元编制乡镇国土空间规划。

考点3　国土空间规划的编制要求

例： 国土空间规划的编制应满足的要求有（ABCD）。

A. 体现战略性　　B. 提高科学性
C. 加强协调性　　D. 注重操作性

题号	拓展同类必刷题	答案
1	坚持生态优先、绿色发展，尊重自然规律、经济规律、社会规律和城乡发展规律，因地制宜开展规划编制工作体现出编制国土空间规划应（　　）。	B
2	坚持上下结合、社会协同，完善公众参与制度，发挥不同领域专家的作用，体现出编制国土空间规划应（　　）。	B
3	国土空间总体规划要统筹和综合平衡各相关专项领域的空间需求，体现出编制国土空间规划应（　　）。	C
4	明确规划约束性指标和刚性管控要求，同时提出指导性要求，体现出编制国土空间规划应（　　）。	D

考点4　国土空间规划的实施与监管

例： 国土空间规划的实施与监管应做到（ABCDE）。

A. 强化规划权威　　B. 改进规划审批
C. 健全用途管制制度　　D. 监督规划实施
E. 推进“放管服”改革　　F. 完善法规政策体系
G. 完善技术标准体系　　H. 完善国土空间基础信息平台

题号	拓展同类必刷题	答案
1	国土空间规划的法规政策与技术保障措施包括（　）。	FGH

考点点评

关于国土空间规划的实施与监管还应掌握具体的措施。核心要点列举如下：

（1）强化规划权威要坚持先规划、后实施，不得违反国土空间规划进行各类开发建设活动；坚持（　）。

（2）在城镇开发边界内的建设，实行（　）的管制方式。

（3）在城镇开发边界外的建设，按照主导用途分区，实行（　）的管制方式。

考点5　双评价的原则与作用

例： 双评价是指资源环境承载力评价和国土空间开发适宜性评价。双评价的原则包括（ABCD）。

A. 底线约束　　B. 问题导向
C. 因地制宜　　D. 简便实用

题号	拓展同类必刷题	答案
1	在优先识别生态保护极重要区基础上，综合分析农业生产、城镇建设的合理规模和适宜等级，符合国土空间规划“双评价”对（　）原则的表述。	A
2	客观评价资源禀赋与环境条件，识别国土空间开发利用中的问题与风险，符合国土空间规划“双评价”对（　）原则的表述。	B
3	紧密结合国土空间规划编制，强化操作导向，符合国土空间规划“双评价”对（　）原则的表述。	D
4	充分体现不同空间尺度和区域差异，合理确定评价内容、技术方法和结果等级，符合国土空间规划“双评价”对（　）原则的表述。	C

考点点评

除了双评价的原则外，还需要掌握双评价的作用：

（1）是编制（　）的基础性工作。

（2）是优化国土空间开发保护格局、完善区域主体功能定位，划定（　），确定用地用海等规划指标的参考依据。

考点6　双评价的主要内容

例： 编制县级以上国土空间总体规划，应先行开展“双评价”，形成专题成果，随同级国土空间总体规划一并论证报批入库。本底评价的主要内容包括（ABCDEFG）。

A. 省级生态保护重要性评价
B. 市县生态保护重要性评价
C. 省级农业生产适宜性评价
D. 市县农业生产适宜性评价
E. 省级城镇建设适宜性评价
F. 市县城镇建设适宜性评价
G. 承载规模评价
H. 资源环境禀赋分析
I. 现状问题和风险识别
J. 潜力分析
K. 情景分析

题号	拓展同类必刷题	答案
1	双评价包括本底评价与综合分析，其中综合分析的内容包括（　　）。	HIJK
2	双评价的主要内容包括（　　）。	ABCDEFGHIJK
3	从区域生态安全底线出发，在陆海全域评价水源涵养、水土保持、生物多样性维护、防风固沙、海岸防护等生态系统服务功能重要性，以及水土流失、石漠化、土地沙化、海岸侵蚀及沙源流失等生态脆弱性的是（　　）。	A
4	从生态空间完整性、系统性、连通性出发，结合重要地下水补给、洪水调蓄、河岸防护、自然遗迹、自然景观等进行补充评价和修正的是（　　）。	B
5	能够识别农业生产适宜区和不适宜区的评价是（　　）。	C
6	能够识别优势农业空间的评价是（　　）。	D
7	能够识别城镇建设不适宜区的评价是（　　）。	E
8	能够识别城镇建设适宜区、海洋开发利用适宜区的评价是（　　）。	F

考点点评

1. 对比区分以上题目中画线部分的内容。

2. 注意：省级以市级（或县级）行政区为单元评价承载规模，市级以县级（或乡级）行政区为单元评价承载规模。

考点7　统筹划定落实三条控制线

例：统筹划定落实三条控制线，应按照生态功能划定（A）。

A. 生态保护红线　　B. 永久基本农田　　C. 城镇开发边界

题号	拓展同类必刷题	答案
1	统筹划定落实三条控制线，应按照保质保量要求划定（　　）。	B
2	统筹划定落实三条控制线，应按照集约适度、绿色发展要求划定（　　）。	C
3	在生态空间范围内具有特殊重要生态功能、必须强制性严格保护的区域是（　　）。	A
4	应优先将具有重要水源涵养、生物多样性维护、水土保持、防风固沙、海岸防护等功能的生态功能极重要区域划入（　　）。	A
5	应优先将生态极敏感脆弱的水土流失、沙漠化、石漠化、海岸侵蚀等区域划入（　　）。	A
6	为保障国家粮食安全和重要农产品供给，实施永久特殊保护的耕地是（　　）。	B
7	在一定时期内因城镇发展需要，可以集中进行城镇开发建设、以城镇功能为主的区域边界是（　　），涉及城市、建制镇以及各类开发区等。	C

考点点评

除了以上题目外，还需要掌握划定三条控制线的依据。

考点 8　省级国土空间规划

例：省级国土空间开发保护格局中主体功能分区的任务是（A）。

A. 按照陆海统筹、保护优先原则，沿海县（市、区）要统筹确定一个主体功能定位

B. 依据重要生态系统识别结果，维持自然地貌特征

C. 确定生态保护与修复重点区域

D. 改善陆海生态系统、流域水系网络的系统性、整体性和连通性，明确生态屏障、生态廊道和生态系统保护格局

E. 将全国国土空间规划纲要确定的耕地和永久基本农田保护任务严格落实

F. 确保数量不减少、质量不降低、生态有改善、布局有优化

题号	拓展同类必刷题	答案
1	省级国土空间开发保护格局中，生态空间的任务包括（　　）。	BCD
2	省级国土空间开发保护格局中，农业空间的任务包括（　　）。	EF

考点点评

1. 上述涉及生态空间规划的要点，要注意：优先保护以自然保护地体系为主的生态空间，明确省域国家公园、自然保护区、自然公园等各类自然保护地的布局、规模和名录。

2. 省级国土空间规划提出生态修复和国土综合整治工程时，应当按照保障安全、突出生态功能、兼顾景观功能的优先次序。

考点 9　市级国土空间总体规划

例 1：市级国土空间总体规划为编制下位国土空间总体规划、详细规划、相关专项规划和开展各类开发保护建设活动、实施国土空间用途管制提供基本依据。其内容主要包括（ABCDEFGHI）。

A. 落实主体功能定位，明确空间发展目标战略

B. 优化空间总体格局，促进区域协调、城乡融合发展

C. 强化资源环境底线约束，推进生态优先、绿色发展

D. 优化空间结构，提升连通性，促进节约集约、高质量发展

E. 完善公共空间和公共服务功能，营造健康、舒适、便利的人居环境

F. 保护自然与历史文化，整体打造具有地域特色的城乡风貌

G. 完善基础设施体系，增强城市安全韧性

H. 推进国土整治修复与城市更新，提升空间综合价值

I. 建立规划实施保障机制，确保一张蓝图干到底

例 2：根据市级国土空间总体规划，优化空间总体格局，促进区域协调、城乡融合发展应采取的措施有（ABCDEFGH）。

A. 完善区域协调格局

B. 优先确定生态保护空间

C. 保障农业发展空间

D. 融合城乡发展空间

E. 彰显地方特色空间
F. 协同地上地下空间
G. 统筹陆海空间
H. 确定战略性的预留空间
I. 落实上位国土空间规划确定的生态保护红线、永久基本农田、城镇开发边界等划定要求，统筹划定“三条控制线”
J. 制定水资源供需平衡方案，明确水资源利用上限
K. 制定能源供需平衡方案，落实碳排放减量任务，控制能源消耗总量
L. 基于地域自然环境条件，严格保护低洼地等调蓄空间
M. 明确海洋、河湖水系、湿地、蓄滞洪区和水源涵养地的保护范围，确定海岸线、河湖自然岸线的保护措施
N. 按照主体功能定位和空间治理要求，优化城市功能布局和空间结构，划分规划分区
O. 落实上位规划指标，以盘活存量为重点明确用途结构优化方向，确定全域主要用地用海的规模和比例，制定市域国土空间功能结构调整表
P. 确定中心城区各类建设用地总量和结构，制定中心城区城镇建设用地结构规划表
Q. 坚持公交引导城市发展，提出与城市功能布局相融合的公共交通体系与设施布局
R. 基于常住人口的总量和结构，提出分区分级公共服务中心体系布局和标准，针对实际服务管理人口特征和需求，完善服务功能，改善服务的便利性
S. 优化居住用地结构和布局，改善职住关系，引导政策性住房优先布局在交通和就业便利地区，避免形成单一功能的大型居住区
T. 完善社区生活圈
U. 在中心城区提出通风廊道、隔离绿地和绿道系统等布局和控制要求
V. 按照“小街区、密路网”的理念，优化中心城区城市道路网结构和布局

题号	拓展同类必刷题	答案
1	根据市级国土空间总体规划，强化资源环境底线约束，推进生态优先、绿色发展应采取的措施有（　　）。	IJKLM
2	根据市级国土空间总体规划，优化空间结构，提升连通性，促进节约集约、高质量发展应采取的措施有（　　）。	NOPQ
3	根据市级国土空间总体规划，完善公共空间和公共服务功能，营造健康、舒适、便利的人居环境应采取的措施有（　　）。	RSTUV

考点点评

1. 从大方面来说，本考点的采分点共两个：一是市级国土空间总体规划由哪几部分组成；二是具体的实施措施。

2. 上述措施要能够细化，例如对选项 F 涉及的考点又可以问彰显地方特色空间的举措有哪些。

3. 以上题目只涵盖了考查可能性较大的部分内容，其余未涉及的知识，建议考生自行参照教材学习，这里就不再赘述了。

四、本章真题实训

1. **【2022 年真题】** 为完善基础设施体系，增强城市安全韧性，在市级国土空间总体规划中应当预留的用地是（　　）。

A. 工业用地

B. 应急用地和大型危险品存储用地

C. 农业发展用地

D. 公共管理与公共服务设施用地

2.【2022 年真题】下列生态空间中，属于省级国土空间规划应当优先保护的是（　　）。

A. 生态廊道

B. 流域水系

C. 珍稀动植物栖息地和迁徙廊道

D. 以自然保护地体系为主的生态空间

3.【2022 年真题】根据健全用途管制制度的要求，城镇开发边界内的建设实行的管制方式是（　　）。

A. "约束指标 + 分区准入"

B. "约束指标 + 规划许可"

C. "规划许可 + 分区准入"

D. "详细规划 + 规划许可"

4.【2021 年真题】下列关于城镇开发边界的说法，正确的是（　　）。

A. 一定时期内因产业发展需要而划定的区域边界

B. 可以集中进行城镇开发建设，以城镇功能为主的区域边界

C. 涉及城镇、乡村及各类开发区

D. 仅涉及城市和建制镇

5.【2021 年真题】优化中心城区城市道路网结构和布局，应贯彻的理念是（　　）。

A. 宽路网，低密度

B. 大街区，窄路幅

C. 全互通，大流量

D. 小街区，密路网

6.【2022 年真题】开展资源环境承载能力和国土空间开发适宜性评价应当坚持的原则有（　　）。

A. 底线约束

B. 目标导向

C. 问题导向

D. 因地制宜

E. 简便实用

7.【2022 年真题】省级国土空间规划要严格落实国家确定的耕地和永久基本农田保护任务，确保耕地和永久基本农田（　　）。

A. 数量不减少

B. 质量不降低

C. 产值有提高

D. 布局有优化

E. 生态有改善

8.【2021 年真题】省级国土空间规划的特征包括（　　）。

A. 战略性

B. 约束性

C. 协调性

D. 操作性

E. 综合性

五、本章真题实训答案及解析

1. B。为完善基础设施体系，增强城市安全韧性，应预留一定应急用地和大型危险品存储用地，科学划定安全防护和缓冲空间。

2. D。优先保护以自然保护地体系为主的生态空间，明确省域国家公园、自然保护区、自然公园等各类自然保护地的布局、规模和名录。

3. D。在城镇开发边界内的建设，应实行"详细规划 + 规划许可"的管制方式；在城镇开发边界外的建设，则应按照主导用途分区，实行"详细规划 + 规划许可"和"约束指标 + 分区准入"的管制方式。

4. B。城镇开发边界是在一定时期内因城镇发展需要，可以集中进行城镇开发建设、以城镇功能为主的区域边界，故选项 A 错误，选项 B 正确，涉及城市、建制镇以及各类开发区等，故选项 C、D 错误。

5. D。按照“小街区、密路网”的理念，优化中心城区城市道路网结构和布局，提高中心城区道路网密度。

6. ACDE。“双评价”是指资源环境承载力评价和国土空间开发适宜性评价，其原则包括：底线约束；问题导向；因地制宜；简便实用。

7. ABDE。农业空间：将全国国土空间规划纲要确定的耕地和永久基本农田保护任务严格落实，确保数量不减少、质量不降低、生态有改善、布局有优化。

8. ABCE。省级国土空间规划在国土空间规划体系中发挥承上启下、统筹协调作用，具有战略性、协调性、综合性和约束性。

六、本章同步练习

（一）单项选择题（每题1分。每题的备选项中，只有1个符合题意）

1. 国土空间规划的编制应（　　），按照谁组织编制、谁负责实施的原则，明确各级各类国土空间规划编制和管理的要点。

A. 注重协调性　　B. 提高战略性

C. 注重操作性　　D. 体现科学性

2. 统筹划定落实三条控制线，应按照（　　）划定生态保护红线。

A. 集约适度要求　　B. 保质保量要求

C. 绿色发展要求　　D. 生态功能

3. 在国土空间规划体系中发挥承上启下、统筹协调作用的是（　　）。

A. 全国国土空间规划　　B. 省级国土空间规划

C. 市县国土空间规划　　D. 乡镇国土空间规划

4. 省级国土空间规划应将生态单元作为修复和整治范围，按照（　　）的优先次序，结合山水林田湖草系统修复、国土综合整治、矿山生态修复和海洋生态修复等类型，提出修复和整治目标、重点区域、重大工程。

A. 保障安全、突出生态功能、兼顾景观功能

B. 突出生态功能、保障安全、兼顾景观功能

C. 保障安全、优化空间网络化、兼顾景观功能

D. 突出生态功能、优化空间网络化、兼顾景观功能

5. 下列不属于双评价原则的是（　　）。

A. 问题导向　　B. 因地制宜

C. 高效集约　　D. 简便实用

6. 省级国土空间规划中，主体功能分区应按照（　　）原则，沿海县（市、区）要统筹确定一个主体功能定位。

A. 等价交换　　B. 陆海统筹、保护优先

C. 适度原则　　D. 协同监管、创新监管

（二）多项选择题（每题2分，每题的备选项中，有2个或2个以上符合题意，至少有1个错项。错选，本题不得分；少选，所选的每个选项得0.5分）

1. 国土空间规划的编制需加强协调性，为此应当（　　）。

A. 强化国家发展规划的统领作用以及国土空间规划的基础作用

B. 明确规划约束性指标和刚性管控要求，同时提出指导性要求

C. 详细规划要依据批准的国土空间总体规划进行编制和修改

D. 提出下级国土空间总体规划和相关专项规划、详细规划的分解落实要求

E. 相关专项规划要遵循国土空间总体规划，不得违背总体规划强制性内容

2. 国土空间规划的权威性表现在（　　）。

A. 规划一经批复，任何部门和个人不得修改、变更

B. 坚持先实施、后规划，不得违反国土空间规划进行各类开发建设活动

C. 坚持“多规合一”，不在国土空间规划体系之外另设其他空间规划

D. 相关专项规划的有关技术标准应与国土空间规划衔接

E. 因国家重大战略调整、重大项目建设或行政区划调整等确需修改规划的，须先经规划审批机关同意后，方可按法定程序进行修改

3. 省级国土空间规划具有（　　）。

A. 综合性

B. 战略性

C. 协调性

D. 连通性

E. 约束性

4. 确定水、土地、能源等资源节约集约利用的目标、指标与实施策略应以（　　）为基本导向。

A. 盘活存量

B. 协同融合

C. 严控增量

D. 提高流量

E. 安全韧性

5. 市级国土空间总体规划应落实国家和省的区域发展战略、主体功能区战略，以自然地理格局为基础，形成（　　）的国土空间总体格局。

A. 网络化

B. 现代化

C. 开放式

D. 集约型

E. 生态化

七、本章同步练习答案

（一）单项选择题

1. C	2. D	3. B	4. A	5. C
6. B				

（二）多项选择题

1. ACE	2. CDE	3. ABCE	4. ACD	5. ACDE

第十章

“十四五”时期的发展任务与重大举措

一、本章核心考点分布

- “十四五”时期的发展任务与重大举措
  - 坚持创新驱动发展
  - 加快发展现代产业体系（2022年）
  - 建设现代化基础设施体系（2023年）
  - 构建新发展格局（2022年、2023年）
  - 全面深化改革
  - 全面推进乡村振兴
  - 完善新型城镇化战略（2022年）
  - 促进区域协调发展（2022年）
  - 实行高水平对外开放
  - 统筹发展和安全（2023年）
  - 提升国民素质与增进民生福祉（2022年、2023年）

二、专家剖析考点

1. 本章内容较新，可考点较多，重点掌握坚持创新驱动发展，加快发展现代产业体系，建设现代化基础设施体系，构建新发展格局，全面深化改革，全面推进乡村振兴，完善新型城镇化战略，促进区域协调发展，提升国民素质与增进民生福祉，实行高水平对外开放的主要措施和具体要求及方法。

2. 关于建设现代化基础设施体系、全面深化改革与推进乡村振兴的具体措施要熟练掌握。

3. 实行高水平对外开放主要掌握其应坚持的具体内容。

4. 统筹发展和安全易进行多项选择题形式的考核。

三、本章核心考点必刷题

考点 1　坚持创新驱动发展

例：根据“十四五”规划《纲要》，强化国家战略科技力量的具体措施包括（ABCD）。

A. 整合优化科技资源配置　　B. 加强原创性引领性科技攻关

C. 持之以恒加强基础研究
D. 建设重大科技创新平台
E. 激励企业加大研发投入
F. 支持产业共性基础技术研发
G. 完善企业创新服务体系

题号	拓展同类必刷题	答案
1	根据“十四五”规划《纲要》，提升企业技术创新能力的措施包括（　　）。	EFG

考点点评

关于坚持创新驱动发展还要掌握如下要点：

（1）坚持（　　）在我国现代化建设全局中的核心地位，把科技自立自强作为国家发展的战略支撑。

（2）建设重大科技创新平台包括支持（　　）形成国际科技创新中心，建设北京怀柔、上海张江、大湾区、安徽合肥综合性国家科学中心，支持有条件的地方建设区域科技创新中心，适度超前布局国家重大科技基础设施等。

考点2　加快发展现代产业体系

例：深入实施制造强国战略的措施包括（ABCD）。

A. 加强产业基础能力建设
B. 提升产业链供应链现代化水平
C. 推动制造业优化升级
D. 实施制造业降本减负行动
E. 构建产业体系新支柱
F. 前瞻谋划未来产业
G. 推动生产性服务业融合化发展
H. 加快生活性服务业品质化发展
I. 深化服务领域改革开放

题号	拓展同类必刷题	答案
1	发展壮大战略性新兴产业的具体措施包括（　　）。	EF
2	促进服务业繁荣发展的具体措施包括（　　）。	GHI
3	坚持经济性和安全性相结合，补齐短板、锻造长板，分行业做好供应链战略设计和精准施策属于（　　）的具体要求。	B
4	深入实施增强制造业核心竞争力和技术改造专项，鼓励企业应用先进适用技术、加强设备更新和新产品规模化应用属于（　　）的具体要求。	C

考点点评

下面几个关键点是考试中容易考核的地方，要注意关键词的掌握。

根据“十四五”规划《纲要》，发展壮大战略性新兴产业，应着眼于抢占未来产业发展先机，培育先导性和支柱性产业，推动战略性新兴产业（　　）发展，战略性新兴产业增加值占 GDP 比重超过（　　）。

考点3　建设现代化基础设施体系

例：根据“十四五”规划《纲要》，构建现代能源体系的具体措施包括（ABCDEFGHIJK）。

A. 加快西南水电基地建设，安全稳妥推动沿海核电建设
B. 加快发展非化石能源，坚持集中式和分布式并举
C. 大力提升风电、光伏发电规模
D. 加快发展东中部分布式能源，有序发展海上风电
E. 推进能源革命，建设清洁低碳、安全高效的能源体系，提高能源供给保障能力

F. 推进以电代煤
G. 非化石能源占能源消费总量比重提高到20%左右
H. 加快深海、深层和非常规油气资源利用，推动油气增储上产
I. 因地制宜开发利用地热能
J. 提高特高压输电通道利用率
K. 推进煤电灵活性改造，加快抽水蓄能电站建设和新型储能技术规模化应用
L. 坚持节水优先，完善水资源配置体系，建设水资源配置骨干项目
M. 加强重点水源和城市应急备用水源工程建设
N. 加快防洪控制性枢纽工程建设和中小河流治理、病险水库除险加固，全面推进堤防和蓄滞洪区建设
O. 构建快速网，基本贯通“八纵八横”高速铁路
P. 加快建设世界级港口群和机场群
Q. 加强邮政设施建设，实施快递“进村进厂出海”工程
R. 推进中欧班列集结中心建设
S. 继续推进“四好农村路”建设
T. 发展旅客联程运输和货物多式联运，推广全程“一站式”“一单制”服务

题号	拓展同类必刷题	答案
1	根据“十四五”规划《纲要》，加强水利基础设施建设的具体措施包括（　　）。	LMN
2	根据“十四五”规划《纲要》，加快建设交通强国的具体措施包括（　　）。	OPQRST

考点4　构建新发展格局

例： 根据国家“十四五”规划《纲要》，全面促进消费的主要任务有（ABCDEFGH）。

A. 提升传统消费
B. 培育新型消费
C. 发展服务消费
D. 适当增加公共消费
E. 扩大节假日消费
F. 打造一批区域消费中心
G. 培育建设国际消费中心城市
H. 促进消费向绿色、健康、安全发展
I. 推进同线同标同质
J. 推动产业竞争力提升
K. 完善产业链供应链保障机制
L. 完善内外贸一体化调控体系
M. 坚持引进来和走出去并重，以高水平双向投资高效利用全球资源要素和市场空间
N. 协同推进强大国内市场和贸易强国建设
O. 深化供给侧结构性改革，提高供给适应引领创造新需求能力
P. 破除制约要素合理流动的堵点，矫正资源要素失衡错配
Q. 深化流通体制改革，畅通商品服务流通渠道
R. 提升流通效率，降低全社会交易成本
S. 促进国民经济良性循环

题号	拓展同类必刷题	答案
1	根据国家“十四五”规划《纲要》，促进国内国际双循环的主要任务有（　　）。	IJKLMN
2	根据国家“十四五”规划《纲要》，构建新发展格局，畅通国内大循环的主要任务包括（　　）。	OPQRS

考点点评

拓展投资空间的主要任务较多，此处不再一一赘述，但易错点要牢记：深化投融资体制改革，发挥政府投资撬动作用，激发民间投资活力，形成市场主导的投资内生增长机制。

考点5　全面深化改革

例：激发各类市场主体活力的具体措施包括（AB）。

A. 毫不动摇巩固和发展公有制经济
B. 毫不动摇鼓励、支持、引导非公有制经济发展
C. 全面完善产权制度
D. 推进要素市场化配置改革
E. 强化竞争政策基础地位
F. 健全社会信用体系
G. 提高政府治理效能
H. 创新和完善宏观调控
I. 健全以国家发展规划为战略导向的宏观经济治理体系
J. 健全以财政政策和货币政策为主要手段的宏观经济治理体系
K. 健全以就业、产业、投资、消费、环保、区域等政策紧密配合，目标优化、分工合理、高效协同的宏观经济治理体系

题号	拓展同类必刷题	答案
1	建设高标准市场体系的具体措施包括（　　）。	CDEF
2	提升政府经济治理能力的具体措施包括（　　）。	GHIJK

考点点评

该考点还需要注意的一个知识点是：为了建立现代财税金融体制，应深化（　　）改革，健全具有高度适应性、竞争力、普惠性的现代金融体系，构建金融有效支持实体经济的体制机制，增强金融服务实体经济能力。

考点6　全面推进乡村振兴

例：提高农业质量效益和竞争力的具体措施包括（ABC）。

A. 增强农业综合生产能力
B. 深化农业结构调整
C. 丰富乡村经济业态
D. 强化乡村建设的规划引领
E. 改善农村人居环境
F. 提升乡村基础设施和公共服务水平
G. 深化农业农村改革
H. 加强农业农村发展要素保障

题号	拓展同类必刷题	答案
1	为全面推进乡村振兴，实施乡村建设行动的具体措施包括（　　）。	DEF
2	为全面推进乡村振兴，健全城乡融合发展体制机制的具体措施包括（　　）。	GH

考点点评

1. 关于增强农业综合生产能力的具体措施，还应具体掌握如下几点：

（1）坚持最严格的耕地保护制度，严守（　　）耕地红线。

（2）建成（　　）集中连片高标准农田。

（3）加强大中型、智能化、复合型农业机械研发应用，农作物耕种收综合机械化率提高到（　　）。

2. 全面推进乡村振兴需要走中国特色社会主义乡村振兴道路，全面实施乡村振兴战略，强化以工补农、以城带乡，推动形成（　　）的新型工农城乡关系，加快农业农村现代化。

考点7　完善新型城镇化战略

例：完善城镇化空间布局的具体措施包括（ABCDE）。

A. 推动城市群一体化发展　　B. 建设现代化都市圈（1小时）

C. 优化提升超大特大城市中心城区功能　　D. 完善大中城市宜居宜业功能

E. 推进以县城为重要载体的城镇化建设　　F. 深化户籍制度改革

G. 健全农业转移人口市民化机制　　H. 转变城市发展方式

I. 推进新型城市建设　　J. 提升城市治理水平

K. 完善住房市场体系和住房保障体系

题号	拓展同类必刷题	答案
1	加快农业转移人口市民化的具体措施包括（　　）。	FG
2	全面提升城市品质的具体措施包括（　　）。	HIJK

考点点评

1. 关于完善城镇化空间布局还应掌握如下关键点：

（1）应形成（　　）的城镇化空间格局。

（2）以促进城市群发展为抓手，全面形成（　　）城镇化战略格局。

（3）优化城市群内部空间结构，构筑生态和安全屏障，形成（　　）的网络型城市群。

（4）稳步有序推动符合条件的县和镇区常住人口（　　）以上的特大镇设市。

2. 关于深化户籍制度改革要掌握如下三个数据：

（1）300万以下：全面取消城区常住人口300万以下的城市落户限制。

（2）300万至500万：全面放宽城区常住人口300万至500万的Ⅰ型大城市落户条件。

（3）500万以上：完善城区常住人口500万以上的超大特大城市积分落户政策。

考点8　促进区域协调发展

例：根据“十四五”规划《纲要》，关于积极拓展海洋经济发展空间的措施和具体要求的表述中，正确的有（ABCDEFGHIJ）。

A. 坚持陆海统筹、人海和谐、合作共赢

B. 建设现代海洋产业体系

C. 全面提高北部、东部、南部三大海洋经济圈发展水平

D. 以沿海经济带为支撑，深化与周边国家涉海合作

E. 打造可持续海洋生态环境

F. 完善海岸线保护、海域和无居民海岛有偿使用制度

G. 探索海岸建筑退缩线制度和海洋生态环境损害赔偿制度，自然岸线保有率不低于35%

H. 深度参与全球海洋治理

I. 参与北极务实合作，建设“冰上丝绸之路”

J. 有序推进海洋基本法立法

考点点评

1. 选项G中涉及的数值是易错点和易考点。

2. 关于优化国土空间开发保护格局要重点掌握下述要点：

（1）为完善和落实主体功能区制度，细化主体功能区划分，按照主体功能定位划分政策单元，对（　　）制定差异化政策，分类精准施策。

（2）为开拓高质量发展的重要动力源，应以（　　）为重点，提升创新策源能力和全球资源配置能力，加快打造引领高质量发展的第一梯队。

考点 9　实行高水平对外开放

例：为实行高水平对外开放，推动共建“一带一路”高质量发展的措施包括（ABCD）。

A. 加强发展战略和政策对接　　B. 推进基础设施互联互通
C. 深化经贸投资务实合作　　D. 架设文明互学互鉴桥梁
E. 维护和完善多边经济治理机制　　F. 构建高标准自由贸易区网络
G. 积极营造良好外部环境　　H. 加快推进制度型开放
I. 提升对外开放平台功能　　J. 优化区域开放布局
K. 健全开放安全保障体系

题号	拓展同类必刷题	答案
1	为实行高水平对外开放，积极参与全球治理体系改革和建设的措施包括（　　）。	EFG
2	为实行高水平对外开放，建设更高水平开放型经济新体制的措施包括（　　）。	HIJK
3	完善自由贸易试验区布局，赋予其更大改革自主权，深化首创性、集成化、差别化改革探索，积极复制推广制度创新成果属于（　　）的具体要求。	I
4	稳步推进海南自由贸易港建设，以货物贸易“零关税”、服务贸易“既准入又准营”为方向推进贸易自由化便利化属于（　　）的具体要求。	I

考点点评

关于推动共建“一带一路”高质量发展的措施还应掌握下述易考要点：

（1）加强发展战略和政策对接的具体要求包括（　　）。

（2）推动陆海天网四位一体联通，以（　　）为基本框架，构建以新亚欧大陆桥等经济走廊为引领，以中欧班列、陆海新通道等大通道和信息高速路为骨架，以铁路、港口、管网等为依托的互联互通网络，打造国际陆海贸易新通道。

考点 10　统筹发展和安全

例：根据“十四五”规划《纲要》，为实施能源资源安全战略，应加强（ABCD）等重点油气勘探开发。

A. 塔里木盆地　　B. 准噶尔盆地
C. 四川盆地　　D. 鄂尔多斯盆地
E. 松辽盆地　　F. 山西沁水盆地

题号	拓展同类必刷题	答案
1	根据“十四五”规划《纲要》，要稳定渤海湾、（　　）老油区产量，建设川渝天然气生产基地。	E
2	根据“十四五”规划《纲要》，要推进（　　）、鄂尔多斯东缘煤层气和川南、鄂西、云贵地区页岩气勘探开发，推进页岩油勘探开发。	F

考点点评

关于实施能源资源安全战略的具体要求还应掌握下述两个关键点：

（1）稳妥推进（　　）煤制油气战略基地建设，建立产能和技术储备。

（2）开展（　　）等地区天然气水合物试采。

考点11　提升国民素质与增进民生福祉

例： 根据“十四五”规划《纲要》，为建设高质量教育体系，将学前教育毛入园率提高到（A）以上。

A. 90%　　B. 92%　　C. 60%　　D. 55%　　E. 100　　F. 200

题号	拓展同类必刷题	答案
1	根据“十四五”规划《纲要》，为建设高质量教育体系，将高中阶段教育毛入学率提高到（　　）以上。	B
2	根据“十四五”规划《纲要》，为建设高质量教育体系，构建更加多元的高等教育体系，将高等教育毛入学率提高到（　　）。	C
3	根据“十四五”规划《纲要》，为建设高质量教育体系，建设（　　）个高水平、专业化、开放型产教融合实训基地。	E
4	根据“十四五”规划《纲要》，为建设高质量教育体系，支持建设（　　）所以上高水平高职学校和600个以上高水平专业。	F
5	根据“十四五”规划《纲要》，为实施积极应对人口老龄化国家战略，将养老机构护理型床位占比提高到（　　）。	D
6	根据“十四五”规划《纲要》，为实施积极应对人口老龄化国家战略，开展（　　）个儿童友好城市示范，完善儿童公共服务设施。	E

四、本章真题实训

1. **【2023年真题】** 国家“十四五”规划《纲要》提出，加速建设交通强国，构建快速交通网。其中要实现基本贯通的高速铁路网是（　　）。
   A. “五横八纵”　　B. “五纵八横”
   C. “四纵四横”　　D. “八纵八横”
2. **【2023年真题】** 国家“十四五”规划《纲要》提出，我国规划建设的天然气生产基地位于（　　）。
   A. 川渝　　B. 云贵　　C. 新疆哈密　　D. 山西晋北
3. **【2022年真题】** 根据国家“十四五”规划《纲要》，完善城镇化空间布局的主要任务是（　　）。
   A. 建设现代化都市圈　　B. 推进新型城市建设
   C. 健全农业转移人口市民化机制　　D. 完善住房市场体系和保障体系
4. **【2022年真题】** 根据国家“十四五”规划《纲要》，提升创新策源能力和全球资源配置能力，加快打造引领高质量发展第一梯队的重点区域是（　　）。
   A. 京津冀、长三角、粤港澳大湾区　　B. 京津冀、长三角、海南自由贸易港
   C. 成渝城市群、长江中游城市群　　D. 海南自由贸易港、雄安新区
5. **【2023年真题】** 我国正在建立健全的多层次社会保障体系的特征包括（　　）。
   A. 覆盖全民　　B. 统筹城乡　　C. 公平统一　　D. 充分保障
   E. 安全规范
6. **【2022年真题】** 根据国家“十四五”规划《纲要》，全面促进消费的主要任务有（　　）。
   A. 培育新型消费　　B. 提升传统消费
   C. 发展服务消费　　D. 扩大公共消费
   E. 适当增加节假日消费

7.【2022 年真题】国家“十四五”规划《纲要》提出“深入实施制造强国战略”，其重点任务有（　　）。

A. 加强产业基础能力建设　　B. 提升产业链供应链现代化水平

C. 推动制造业优化升级　　D. 加快建设新型基础设施

E. 实施制造业降本减负行动

五、本章真题实训答案及解析

1. D。构建快速网，基本贯通“八纵八横”高速铁路，提升国家高速公路网络质量，加快建设世界级港口群和机场群。

2. A。加强四川、鄂尔多斯、塔里木、准噶尔等重点盆地油气勘探开发，稳定渤海湾、松辽盆地老油区产量，建设川渝天然气生产基地。

3. A。完善城镇化空间布局的主要任务除选项 A 外，还包括推动城市群一体化发展；优化提升超大特大城市中心城区功能；完善大中城市宜居宜业功能；推进以县城为重要载体的城镇化建设。

4. A。根据国家“十四五”规划《纲要》，以京津冀、长三角、粤港澳大湾区为重点，提升创新策源能力和全球资源配置能力，加快打造引领高质量发展的第一梯队。

5. ABC。坚持应保尽保原则，按照兜底线、织密网、建机制的要求，加快健全覆盖全民、统筹城乡、公平统一、可持续的多层次社会保障体系。

6. ABC。加快培育完整内需体系战略，全面促进消费应提升传统消费，培育新型消费，发展服务消费，适当增加公共消费，扩大节假日消费。

7. ABCE。深入实施制造强国战略：①加强产业基础能力建设。②提升产业链供应链现代化水平。③推动制造业优化升级。④实施制造业降本减负行动。

六、本章同步练习

（一）单项选择题（每题 1 分。每题的备选项中，只有 1 个符合题意）

1. 根据“十四五”规划《纲要》，建设重大科技创新平台包括支持（　　）形成国际科技创新中心。

A. 北京、上海、粤港澳大湾区　　B. 北京、上海、青岛

C. 北京、上海、广州　　D. 上海、广州、合肥

2. “十四五”规划《纲要》指出，为构建现代能源体系，应建设一批多能互补的清洁能源基地，非化石能源占能源消费总量比重提高到（　　）左右。

A. 15%　　B. 17%　　C. 20%　　D. 25%

3. 根据“十四五”规划《纲要》，为激发各类市场主体活力，应（　　）。

A. 实施高标准市场体系建设行动，健全市场体系基础制度

B. 全面完善产权制度

C. 推进要素市场化配置改革

D. 毫不动摇巩固和发展公有制经济；毫不动摇鼓励、支持、引导非公有制经济发展

4. 为提升政府经济治理能力，应以（　　）为主要手段。

A. 国家发展规划　　B. 财政政策和货币政策

C. 就业、产业、投资政策　　D. 提高政府治理效能

5. 根据“十四五”规划《纲要》，为增强农业综合生产能力，要坚持最严格的耕地保护制度，严守（　　）亿亩耕地红线，规范耕地占补平衡。

A. 15　　B. 18　　C. 20　　D. 22

6. 根据“十四五”规划《纲要》，完善海岸线保护、海域和无居民海岛有偿使用制度，探索海岸建筑退缩线制度和海洋生态环境损害赔偿制度，自然岸线保有率不低于（　　）。

A. 25%　　B. 30%　　C. 35%　　D. 40%

7. 根据国家“十四五”规划《纲要》，为加快农业转移人口市民化，深化户籍制度改革，全面放宽城区常住人口（　　）的Ⅰ型大城市落户条件。

A. 200 万至 300 万　　B. 300 万至 500 万

C. 500 万以上　　D. 500 万至 800 万

（二）多项选择题（每题 2 分，每题的备选项中，有 2 个或者 2 个以上符合题意，至少有一个错项。错选，本题不得分；少选，所选的每个选项得 0.5 分）

1. 根据“十四五”规划《纲要》，完善新型城镇化战略中，加快农业转移人口市民化的具体措施包括（　　）。

A. 深化户籍制度　　B. 健全农业转移人口市民化机制

C. 建设现代化都市圈　　D. 完善大中城市宜居宜业功能

E. 转变城市发展方式

2. 根据“十四五”规划《纲要》，加快发展现代产业体系的措施包括（　　）。

A. 加快建设新型基础设施　　B. 深入实施制造强国战略

C. 发展壮大战略性新兴产业　　D. 加强水利基础设施建设

E. 促进服务业繁荣发展

3. 根据“十四五”规划《纲要》，加快建设交通强国，应（　　）。

A. 贯通“四纵八横”高速铁路

B. 构建多层级、一体化综合交通枢纽体系

C. 优化枢纽场站布局、促进集约综合开发

D. 发展旅客联程运输和货物多式联运

E. 推广全程“一站式”“一单制”服务

4. 根据“十四五”规划《纲要》，促进区域协调发展的措施和方法包括（　　）。

A. 深入实施区域协调发展战略　　B. 完善住房市场体系和住房保障体系

C. 深入实施区域重大战略　　D. 优化国土空间开发保护格局

E. 积极拓展海洋经济发展空间

5. 根据“十四五”规划《纲要》，为实施能源资源安全战略，应加强（　　）等重点盆地油气勘探开发。

A. 四川　　B. 鄂尔多斯　　C. 塔里木　　D. 松辽

E. 准噶尔

七、本章同步练习答案

（一）单项选择题

1. A	2. C	3. D	4. B	5. B
6. C	7. B			

（二）多项选择题

1. AB	2. BCE	3. BCDE	4. ACDE	5. ABCE

第十一章

重点领域发展规划与政策

一、本章核心考点分布

- 重点领域发展规划与政策
  - 乡村振兴战略的发展目标（2019年、2020年、2021年、2022年）
  - 乡村振兴的主要任务
  - 新型基础设施的主要类型（2021年、2022年）
  - 新型基础设施建设任务（2023年）
  - 建设交通强国的发展目标（2021年、2022年）
  - 建设交通强国的重点任务与保障措施
  - “互联网+”行动发展目标及基本原则
  - “互联网+”重点行动（2019年、2022年）

二、专家剖析考点

1. 重点掌握乡村振兴战略的发展目标，特别是要记忆关键年份，考查的可能性极大。
2. 重点掌握乡村振兴战略的主要任务，这个采分点可能会采用多项选择题的形式来考查。
3. 重点掌握新型基础设施的类别、建设任务及具体措施。
4. 重点掌握建设交通强国的发展目标。
5. 了解建设交通强国的重点任务。
6. 了解“互联网 +”行动发展目标及基本原则。
7. 掌握“互联网 +”重点行动的相关知识，这一采分点的可考性也很大。

三、本章核心考点必刷题

考点 1　乡村振兴战略的发展目标

例 1：《乡村振兴战略规划（2018—2022 年）》提出，到（A）年，乡村振兴取得重要进展，制度框架和政策体系基本形成。

A. 2020　　B. 2022　　C. 2035　　D. 2050

题号	拓展同类必刷题	答案
1	《乡村振兴战略规划（2018—2022 年）》提出，到（　　）年，乡村振兴的制度框架和政策体系初步健全。	B
2	《乡村振兴战略规划（2018—2022 年）》提出，到（　　）年，乡村振兴取得决定性进展，农业农村现代化基本实现。	C
3	《乡村振兴战略规划（2018—2022 年）》提出，到（　　）年，乡村全面振兴，农业强、农村美、农民富全面实现。	D

考点点评

乡村振兴战略的发展目标共两个采分点：一是实现时间（2020 年、2022 年、2035 年、2050 年）；二是具体目标。这两个采分点均要掌握，考查的可能性都很大。

例 2： 到 2020 年，乡村振兴战略的发展目标包括（ABCDEFG）。

A. 农业综合生产能力稳步提升，农业供给体系质量明显提高
B. 农村一二三产业融合发展水平进一步提升
C. 农民增收渠道进一步拓宽，城乡居民生活水平差距持续缩小
D. 现行标准下农村贫困人口实现脱贫，贫困县全部摘帽，解决区域性整体贫困
E. 农村基础设施建设深入推进，农村人居环境明显改善，美丽宜居乡村建设扎实推进
F. 城乡基本公共服务均等化水平进一步提高，城乡融合发展体制机制初步建立
G. 农村生态环境明显好转，农业生态服务能力进一步提高
H. 现代农业体系初步构建，农业绿色发展全面推进
I. 农村基础设施条件持续改善，城乡统一的社会保障制度体系基本建立
J. 农村人居环境显著改善，生态宜居的美丽乡村建设扎实推进
K. 城乡融合发展体制机制初步建立，农村基本公共服务水平进一步提升
L. 乡村优秀传统文化得以传承和发展，农民精神文化生活需求基本得到满足
M. 农业结构得到根本性改善，农民就业质量显著提高
N. 相对贫困进一步缓解，共同富裕迈出坚实步伐
O. 城乡基本公共服务均等化基本实现，城乡融合发展体制机制更加完善
P. 农村生态环境根本好转，美丽宜居乡村基本实现

题号	拓展同类必刷题	答案
1	到 2022 年，乡村振兴战略的发展目标包括（　　）。	HIJKL
2	到 2035 年，乡村振兴战略的发展目标包括（　　）。	MNOP

考点 2　乡村振兴的主要任务

例： 乡村振兴的主要任务包括（ABCDEF）。

A. 提升农业发展质量，培育乡村发展新动能
B. 推进乡村绿色发展，打造人与自然和谐共生发展新格局
C. 繁荣兴盛农村文化，焕发乡风文明新气象
D. 加强农村基层基础工作，构建乡村治理新体系
E. 提高农村民生保障水平，塑造美丽乡村新风貌
F. 打好精准脱贫攻坚战，增强贫困群众获得感

考点点评

关于乡村振兴的主要任务，还需要牢记以下可考内容：

（1）乡村振兴，产业兴旺是重点。
（2）乡村振兴，生态宜居是关键。
（3）乡村振兴，乡风文明是保障。
（4）乡村振兴，治理有效是基础。
（5）乡村振兴，生活富裕是根本。
（6）乡村振兴，摆脱贫困是前提。

考点3 新型基础设施的主要类型

例：新型基础设施主要包括（ABC）。

A. 信息基础设施　　B. 融合基础设施　　C. 创新基础设施

题号	拓展同类必刷题	答案
1	基于新一代信息技术演化生成的基础设施是（　）。	A
2	以5G、物联网、工业互联网、卫星互联网为代表的通信网络基础设施属于（　）。	A
3	以人工智能、云计算、区块链等为代表的新技术基础设施属于（　）。	A
4	以数据中心、智能计算中心为代表的算力基础设施属于（　）。	A
5	智能交通基础设施、智慧能源基础设施属于（　）。	B
6	支撑科学研究、技术开发、产品研制的具有公益属性的基础设施属于（　）。	C
7	重大科技基础设施、科教基础设施、产业技术创新基础设施属于（　）。	C

考点4 新型基础设施建设任务

例：加强新型基础设施建设需强化信息基础设施建设，为此应当采取的措施有（ABC）。

A. 推进信息网络演进升级
B. 统筹数据和计算设施建设
C. 加快发展新兴技术
D. 加快推广工业互联网部署和应用
E. 鼓励跨行业跨领域工业互联网平台做大做强
F. 积极推进传统基础设施智能化升级
G. 加快社会管理和公共服务基础设施智能化改造
H. 聚焦前瞻性、引领性、原创性基础研究，适度超前布局建设国家重大科技基础设施
I. 研究建立重大科技基础设施建设运营多元投入机制，支持民营企业参与关键领域技术研发
J. 推动高校、科研院所加强新兴交叉学科的科教基础设施建设，以及若干交叉前沿领域研究平台建设
K. 重点加强战略高技术研发保障条件和基础研究基地
L. 合作共建产业技术创新基础设施
M. 加快搭建重点产业技术创新中心、工程研究中心、公共服务平台
N. 积极建设新技术、新产品、新工艺、新材料试验验证平台和应用试验基地

题号	拓展同类必刷题	答案
1	加强新型基础设施建设需加快融合基础设施改造，为此应当采取的措施有（　　）。	DEFG
2	加强新型基础设施建设需支持创新基础设施建设，为此应当采取的措施有（　　）。	HIJKLMN

考点5　建设交通强国的发展目标

例： 建设交通强国是建设现代化经济体系的先行领域，是全面建成社会主义现代化强国的重要支撑。根据《交通强国建设纲要》，到2020年，交通强国的发展目标是（A）。

A. 完成决胜全面建成小康社会交通建设任务和“十三五”现代综合交通运输体系发展规划各项任务

B. 基本建成交通强国

C. 现代化综合交通体系基本形成

D. 拥有发达的快速网、完善的干线网、广泛的基础网

E. 基本形成“全国123出行交通圈”和“全球123快货物流圈”

F. 旅客联程运输便捷顺畅，货物多式联运高效经济

G. 智能、平安、绿色、共享交通发展水平明显提高

H. 城市交通拥堵基本缓解

I. 无障碍出行服务体系基本完善

J. 交通科技创新体系基本建成

K. 交通关键装备先进安全，人才队伍精良

L. 基本实现交通治理体系和治理能力现代化

M. 交通国际竞争力和影响力显著提升

N. 全面建成人民满意、保障有力、世界前列的交通强国

O. 基础设施规模质量、技术装备、科技创新能力、智能化与绿色化水平位居世界前列

P. 交通安全水平、治理能力、文明程度、国际竞争力及影响力达到国际先进水平

Q. 人民享有美好交通服务

题号	拓展同类必刷题	答案
1	根据《交通强国建设纲要》，到2035年，交通强国的发展目标是（　　）。	BCDEFGHIJKLM
2	根据《交通强国建设纲要》，到21世纪中叶，交通强国的发展目标是（　　）。	NOPQ

考点点评

1. 本考点共两个采分点：一是时间节点（2020年、2035年、21世纪中叶），在对这个采分点进行考查的时候可能会在题干中给出某一具体目标让考生选出与之匹配的时间节点；二是某一阶段应实现的具体目标，这一采分点很可能会采用多项选择题的形式考查。

2. 选项E中涉及的两个“1 2 3”中数字的具体所指也要熟练掌握。

考点6　建设交通强国的重点任务与保障措施

例： 建设交通强国的重点任务包括（ABCDEFGHI）。

A. 基础设施布局完善、立体互联

B. 运输服务便捷舒适、经济高效

C. 科技创新富有活力、智慧引领

D. 交通装备先进适用、完备可控

E. 绿色发展节约集约、低碳环保

F. 安全保障完善可靠、反应快速

G. 人才队伍精良专业、创新奉献　　H. 开放合作面向全球、互利共赢

I. 完善治理体系，提升治理能力

考点点评

1. 上题是对建设交通强国重点任务的考查，这一采分点可能会考查一道多项选择题。

2. 本考点的第二个采分点是建设交通强国的保障措施，这一采分点需要记住三个“加强”即：加强党的领导；加强资金保障；加强实施管理。

考点7　“互联网+”行动发展目标及基本原则

例：到2018年，“互联网+”行动的发展目标包括（ABCDE）。

A. 互联网与经济社会各领域的融合发展进一步深化

B. 基于互联网的新业态成为新的经济增长动力

C. 互联网支撑大众创业、万众创新的作用进一步增强

D. 互联网成为提供公共服务的重要手段

E. 网络经济与实体经济协同互动的发展格局基本形成

F. 网络化、智能化、服务化、协同化的“互联网+”产业生态体系基本完善

G. “互联网+”新经济形态初步形成

H. “互联网+”成为经济社会创新发展的重要驱动力量

题号	拓展同类必刷题	答案
1	到2025年，“互联网+”行动的发展目标包括（　　）。	FGH

考点点评

“互联网+”行动的基本原则体现在五个“坚持”即：

（1）坚持开放共享。

（2）坚持融合创新。

（3）坚持变革转型。

（4）坚持引领跨越。

（5）坚持安全有序。

考点8　“互联网+”重点行动

例：下列关于“互联网+”创业创新的说法中，正确的有（ABC）。

A. 强化创业创新支撑　　B. 积极发展众创空间

C. 发展开放式创新　　D. 大力发展智能制造

E. 发展大规模个性化定制　　F. 提升网络化协同制造水平

G. 加速制造业服务化转型　　H. 构建新型农业生产经营体系

I. 发展精准化生产方式　　J. 提升网络化服务水平

K. 完善农副产品质量安全追溯体系　　L. 探索推进互联网金融云服务平台建设

M. 鼓励金融机构利用互联网拓宽服务覆盖面

N. 积极拓展互联网金融服务创新的深度和广度

O. 构建物流信息共享互通体系　　P. 建设深度感知智能仓储系统

Q. 完善智能物流配送调配体系　　R. 提升交通运输服务品质

S. 推进交通运输资源在线集成　　T. 增强交通运输科学治理能力

U. 加强资源环境动态监测　　V. 大力发展智慧环保
W. 完善废旧资源回收利用体系　　X. 建立废弃物在线交易系统

题号	拓展同类必刷题	答案
1	关于“互联网+”协同制造的说法中，正确的有（　　）。	DEFG
2	关于“互联网+”现代农业的说法中，正确的有（　　）。	HIJK
3	关于“互联网+”普惠金融的说法中，正确的有（　　）。	LMN
4	关于“互联网+”高效物流的说法中，正确的有（　　）。	OPQ
5	关于“互联网+”便捷交通的说法中，正确的有（　　）。	RST
6	关于“互联网+”绿色生态的说法中，正确的有（　　）。	UVWX

四、本章真题实训

1.【2022 年真题】根据《交通强国建设纲要》，到 2035 年，我国基本形成“全球 123 快货物流圈”中的 1 指的是（　　）。
A. 周边国家 1 天送达　　B. 国内 1 天送达
C. 城市群 1 天送达　　D. 都市区 1 天送达

2.【2022 年真题】我国实施“互联网+”协同制造行动，鼓励企业基于互联网开展在线增值服务，拓展产品价值空间，推动制造业实现转型升级的方向是（　　）。
A. 制造业智能化　　B. 制造业服务化
C. 制造业数字化　　D. 制造业高端化

3.【2021 年真题】下列新型基础设施中，属于信息基础设施的是（　　）。
A. 智能计算中心　　B. 智慧能源
C. 智能交通　　D. 科教基础设施

4.【2020 年真题】乡村振兴基本实现是（　　）年。
A. 2020　　B. 2035
C. 2049　　D. 2050

5.【2019 年真题】“互联网+”现代农业，构建新型农业生产经营体系，实现农业生产向（　　）转变。
A. 生产导向　　B. 政策导向
C. 消费导向　　D. 技术导向

6.【2023 年真题】在新型基础设施建设中，强化信息基础设施建设的重点任务包括（　　）。
A. 推进信息网络演进升级　　B. 积极推进传统基础设施智能化升级
C. 加快发展新兴技术　　D. 统筹数据和计算设施建设
E. 加快社会管理和公共服务基础设施智能化改造

7.【2022 年真题】新型基础设施包括信息基础设施、融合基础设施和创新基础设施，下列属于融合基础设施的有（　　）。
A. 智能交通基础设施　　B. 卫星互联网
C. 工业互联网　　D. 产业技术创新基础设施
E. 智慧能源基础设施

8.【2021 年真题】根据《交通强国建设纲要》，交通强国建成的主要目标有（　　）。
A. 基础设施规模质量，技术装备，科技创新能力，智能化与绿色化水平位居世界前列

B. 拥有发达的快速网，完善的干线网，广泛的基础网

C. 交通关键装备先进安全

D. 人民享有美好交通服务

E. 旅游联程运输便捷顺畅，货物多式联运高效经济

五、本章真题实训答案及解析

1. B。到 2035 年，基本建成交通强国。“全球 123 快货物流圈”（国内 1 天送达、周边国家 2 天送达、全球主要城市 3 天送达）。

2. B。加速制造业服务化转型。鼓励企业基于互联网开展故障预警、远程维护、质量诊断、远程过程优化等在线增值服务，拓展产品价值空间，实现从制造向“制造 + 服务”的转型升级。

3. A。信息基础设施包括以 5G、物联网、工业互联网、卫星互联网为代表的通信网络基础设施，以人工智能、云计算、区块链等为代表的新技术基础设施，以数据中心、智能计算中心为代表的算力基础设施等。

4. B。乡村振兴的发展目标：①到 2020 年，乡村振兴取得重要进展，制度框架和政策体系基本形成，故选项 A 错误。②到 2022 年，乡村振兴的制度框架和政策体系初步健全。③到 2035 年，乡村振兴取得决定性进展，农业农村现代化基本实现，故选项 B 正确。④到 2050 年，乡村全面振兴，农业强、农村美、农民富全面实现，故选项 D 错误。

5. C。构建新型农业生产经营体系应鼓励互联网企业建立农业服务平台，支撑专业大户、家庭农场、农民合作社、农业产业化龙头企业等新型农业生产经营主体，加强产销衔接，实现农业生产由生产导向向消费导向转变。

6. ACD。选项 B、E 属于加快融合基础设施改造的重点任务。

7. AE。选项 B、C 属于信息基础设施。选项 D 属于创新基础设施。

8. AD。到 21 世纪中叶，全面建成人民满意、保障有力、世界前列的交通强国。基础设施规模质量、技术装备、科技创新能力、智能化与绿色化水平位居世界前列，故选项 A 正确。交通安全水平、治理能力、文明程度、国际竞争力及影响力达到国际先进水平，全面服务和保障社会主义现代化强国建设，人民享有美好交通服务，故选项 D 正确。

六、本章同步练习

（一）单项选择题（每题 1 分。每题的备选项中，只有 1 个符合题意）

1. 到 2035 年，乡村振兴战略的发展目标是（　　）。

A. 乡村振兴的制度框架和政策体系初步健全

B. 乡村振兴取得重要进展，制度框架和政策体系基本形成

C. 乡村振兴取得决定性进展，农业农村现代化基本实现

D. 乡村全面振兴，农业强、农村美、农民富全面实现

2. 乡村振兴，（　　）是重点。

A. 生态宜居　　B. 产业兴旺

C. 乡风文明　　D. 摆脱贫困

3. 根据制造强国建设方略，建设制造强国应把（　　）作为战略任务。

A. 加快发展先进制造业　　B. 供给侧结构性改革

C. 实现关键核心技术自主可控　　D. 提升产业基础能力

4. 制造强国建设方略应以（　　）为主线。

A. 供给侧结构性改革　　B. 实现关键核心技术自主可控
C. 提升产业能力　　D. 提高战略性新兴产业

5. 根据《国务院关于积极推进“互联网+”行动的指导意见》，到2025年，“互联网+”行动的发展目标是（　　）。
A. 网络经济与实体经济协同互动的发展格局基本形成
B. 基于互联网的新业态成为新的经济增长动力
C. 互联网成为提供公共服务的重要手段
D. “互联网+”成为经济社会创新发展的重要驱动力量

6. 下列表述中，属于“互联网+”普惠金融措施的是（　　）。
A. 发展便民服务新业态
B. 鼓励金融机构利用互联网拓宽服务覆盖面
C. 创新政府网络化管理和服务
D. 促进智慧健康养老产业发展

7. “互联网+”行动要求的基本原则不包括（　　）。
A. 坚持融合创新　　B. 坚持高效便捷
C. 坚持引领跨越　　D. 坚持开放共享

8. 关于“互联网+”协同制造行动要求的说法，错误的是（　　）。
A. 大力发展智能制造　　B. 提升网络化协同制造水平
C. 鼓励发展小批量的个性化定制　　D. 加速制造业服务化转型

（二）多项选择题（每题2分。每题的备选项中，有2个或2个以上符合题意，至少有1个错项。错选，本题不得分；少选，所选的每个选项得0.5分）

1. 下列属于创新基础设施的有（　　）。
A. 智能交通基础设施　　B. 智慧能源基础设施
C. 算力基础设施　　D. 科教基础设施
E. 产业技术创新基础设施

2. 加强新型基础设施建设的重要举措包括（　　）。
A. 加强资金保障　　B. 优化政策环境
C. 加强顶层设计　　D. 抓好项目建设
E. 加强实施管理

3. “互联网+”行动的基本原则包括（　　）。
A. 坚持开放共享　　B. 坚持和谐包容
C. 坚持变革转型　　D. 坚持市场运作
E. 坚持安全有序

4. 下列关于“互联网+”人工智能的说法中，正确的有（　　）。
A. 建设深度感知智能仓储系统　　B. 提升终端产品智能化水平
C. 探索新型教育服务供给方式　　D. 推进重点领域智能产品创新
E. 培育发展人工智能新兴产业

5. “互联网+”智慧能源的重点行动要求包括（　　）。
A. 建设分布式能源网络　　B. 探索推进互联网金融云服务平台建设
C. 推进能源生产智能化　　D. 探索能源消费新模式
E. 发展基于电网的通信设施和新型业务

七、本章同步练习答案

（一）单项选择题

1. C	2. B	3. A	4. A	5. D
6. B	7. B	8. C		

（二）多项选择题

1. DE	2. BCD	3. ACE	4. BDE	5. ACDE

第十二章

国家区域重大战略

一、本章核心考点分布

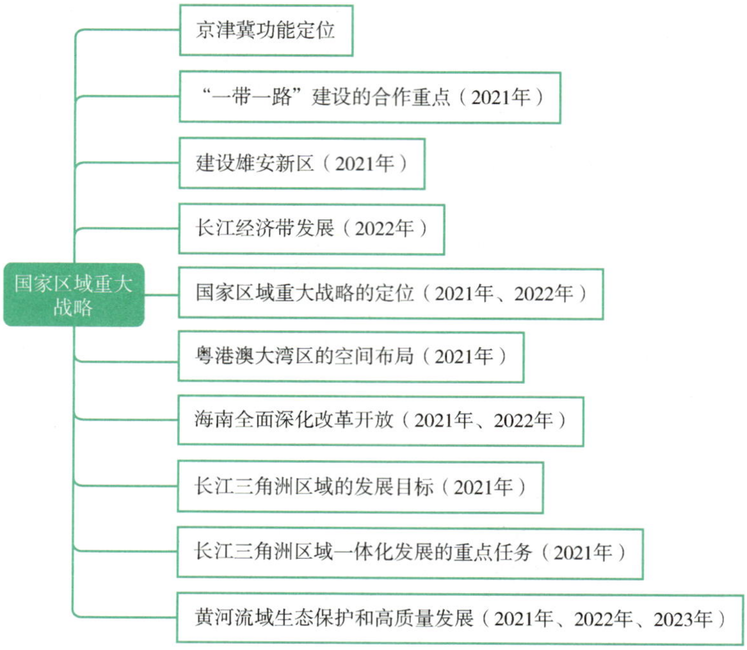

二、专家剖析考点

1. 掌握“一带一路”的共建原则及合作重点。
2. 重点记忆京津冀协调发展的功能定位及空间布局。
3. 了解雄安新区的发展定位及建设目标。
4. 重点记忆并区分长江经济带、粤港澳大湾区、海南、长江三角洲区域的战略定位。
5. 掌握长江经济带发展的基本原则、发展目标及空间布局。
6. 掌握粤港澳大湾区的发展目标及空间布局。
7. 掌握海南全面深化改革开放的发展目标及建设海南自由贸易港的制度设计有哪些。
8. 了解海南自由贸易港的发展目标及制度设计。
9. 掌握长江三角洲区域一体化发展的目标及重点任务。
10. 掌握黄河流域生态保护和高质量发展的主要任务及其连接的地理单元。

三、本章核心考点必刷题

考点1 京津冀功能定位

例：根据京津冀协同发展规划，京津冀的整体功能定位有（ABCD）。

A. 以首都为核心的世界级城市群
B. 区域整体协同发展改革引领区
C. 全国创新驱动经济增长新引擎
D. 生态修复环境改善示范区
E. 全国政治中心
F. 文化中心
G. 国际交往中心
H. 科技创新中心
I. 全国先进制造研发基地
J. 北方国际航运核心区
K. 金融创新运营示范区
L. 改革开放先行区
M. 全国现代商贸物流重要基地
N. 产业转型升级试验区
O. 新型城镇化与城乡统筹示范区
P. 京津冀生态环境支撑区

题号	拓展同类必刷题	答案
1	京津冀协同发展中，北京的功能定位有（　　）。	EFGH
2	京津冀协同发展中，天津的功能定位有（　　）。	IJKL
3	京津冀协同发展中，河北的功能定位有（　　）。	MNOP

考点2 "一带一路"建设的合作重点

例："一带一路"建设合作的主要内容包括（ABCDE）。

A. 政策沟通　B. 资金融通　C. 设施联通　D. 民心相通　E. 贸易畅通

题号	拓展同类必刷题	答案
1	加强（　　）是"一带一路"建设的重要保障。	A
2	"一带一路"建设的重要支撑是（　　）。	B
3	"一带一路"建设的社会根基是（　　）。	D
4	"一带一路"建设的优先领域是（　　）。	C

考点点评

"一带一路"的共建原则也是考生应熟练掌握的内容。

考点3 建设雄安新区

例：《河北雄安新区规划纲要》提出，到2035年，雄安新区建设目标包括（ABCD）。

A. 基本建成绿色低碳、信息智能、宜居宜业、具有较强竞争力和影响力、人与自然和谐共生的高水平社会主义现代化城市
B. 城市功能趋于完善，新区交通网络便捷高效，现代化基础设施系统完备
C. 高端高新产业引领发展，优质公共服务体系基本形成
D. 有效承接北京非首都功能，对外开放水平和国际影响力不断提高
E. 全面建成高质量高水平的社会主义现代化城市，成为京津冀世界级城市群的重要一极
F. 集中承接北京非首都功能成效显著，为解决"大城市病"问题提供中国方案
G. 新区各项经济社会发展指标达到国际领先水平，治理体系和治理能力实现现代化

题号	拓展同类必刷题	答案
1	《河北雄安新区规划纲要》提出，到21世纪中叶，雄安新区建设目标包括（　　）。	EFG

考点点评

以上题目考核的是雄安新区建设目标的相关知识，除了这一采分点外，还需要掌握雄安新区的发展定位：

(1) 绿色生态宜居新城区。

(2) 创新驱动发展引领区。

(3) 协调发展示范区。

(4) 开放发展先行区。

考点4　长江经济带发展

例：按照“生态优先、流域互动、集约发展”的思路，《长江经济带发展规划纲要》提出了（ABCD）的空间布局要求。

A. 一轴　　B. 两翼　　C. 三极　　D. 多点

题号	拓展同类必刷题	答案
1	长江经济带布局要求中的（　　）是指以长江黄金水道为依托，发挥上海、武汉、重庆的核心作用，以沿江主要城镇为节点，构建沿江绿色发展轴。	A
2	长江经济带布局要求中的（　　）是指发挥长江主轴线的辐射带动作用，向南北两侧腹地延伸拓展，提升南北两翼支撑力。	B
3	长江经济带布局要求中的（　　）是指以长江三角洲城市群、长江中游城市群、成渝城市群为主体，发挥辐射带动作用，打造长江经济带三大增长极。	C
4	长江经济带布局要求中的（　　）是指发挥三大城市群以外地级城市的支撑作用，以资源环境承载力为基础，不断完善城市功能，发展优势产业，建设特色城市，加强与中心城市的经济联系与互动，带动地区经济发展。	D

考点5　国家区域重大战略的定位

例：粤港澳大湾区的战略定位是（EFGHI）。

A. 生态文明建设的先行示范带　　B. 引领全国转型发展的创新驱动带
C. 具有全球影响力的内河经济带　　D. 东中西互动合作的协调发展带
E. 充满活力的世界级城市群　　F. 具有全球影响力的国际科技创新中心
G. “一带一路”建设的重要支撑　　H. 内地与港澳深度合作示范区
I. 宜居宜业宜游的优质生活圈　　J. 全面深化改革开放试验区
K. 国家生态文明试验区　　L. 国际旅游消费中心
M. 国家重大战略服务保障区　　N. 全国发展强劲活跃增长极
O. 全国高质量发展样板区　　P. 率先基本实现现代化引领区
Q. 区域一体化发展示范区　　R. 新时代改革开放新高地
S. 绿色生态宜居新城区　　T. 创新驱动发展引领区
U. 协调发展示范区　　V. 开放发展先行区

题号	拓展同类必刷题	答案
1	根据《长江经济带发展规划纲要》，长江经济带的四大战略定位有（　　）。	ABCD
2	海南全面深化改革开放的战略定位有（　　）。	JKLM
3	长江三角洲区域一体化发展的战略定位有（　　）。	NOPQR
4	根据《河北雄安新区规划纲要》，雄安新区的发展定位有（　　）。	STUV

考点点评

国家区域重大战略的定位要相互区分，这是因为在考核某一区域的战略定位时，可能会将其他区域的战略定位设置为干扰项。

考点6　粤港澳大湾区的空间布局

例：构建粤港澳大湾区极点带动、轴带支撑网络化空间格局，应采取的措施有（ABCDEF）。

A. 发挥香港-深圳、广州-佛山、澳门-珠海强强联合的引领带动作用

B. 深化港深、澳珠合作

C. 加快广佛同城化建设

D. 引领粤港澳大湾区深度参与国际合作

E. 依托以高速铁路、城际铁路和高等级公路为主体的快速交通网络与港口群和机场群，构建区域经济发展轴带

F. 加快建设深中通道、深茂铁路等重要交通设施

G. 巩固和提升香港国际金融、航运、贸易中心和国际航空枢纽地位

H. 将澳门打造成以中华文化为主流、多元文化共存的交流合作基地

I. 全面增强广州的国际商贸中心、综合交通枢纽功能

J. 培育提升广州的科技教育文化中心功能

K. 把广州打造成为国际大都市

L. 努力使深圳成为具有世界影响力的创新创意之都

M. 支持珠海、佛山、惠州、东莞、中山、江门、肇庆等城市形成特色鲜明、功能互补、具有竞争力的重要节点城市

N. 培育一批具有特色优势的魅力城镇，形成优化区域发展格局的重要支撑

O. 加快推进特大镇行政管理体制改革

P. 推动珠三角九市城乡一体化发展

Q. 建设具有岭南特色的宜居城乡

R. 发挥粤港澳大湾区辐射引领作用

S. 统筹珠三角九市与粤东西北地区生产力布局

题号	拓展同类必刷题	答案
1	完善粤港澳大湾区城市群和城镇发展体系，应采取的措施有（　　）。	GHIJKLMNOPQ
2	辐射带动泛珠三角区域发展，应采取的措施有（　　）。	RS

考点点评

以上题干中的画线部分，是粤港澳大湾区空间布局的三大方面。这三个方面也要记住，可能会考查多项选择题。

考点7　海南全面深化改革开放

例： 到2035年，海南的发展目标为（ABCD）。

A. 在社会主义现代化建设上走在全国前列

B. 自由贸易港的制度体系和运作模式更加成熟，营商环境跻身全球前列

C. 优质公共服务和创新创业环境达到国际先进水平

D. 生态环境质量和资源利用效率居于世界领先水平

E. 率先实现社会主义现代化，形成高度市场化、国际化、法治化、现代化的制度体系

F. 成为综合竞争力和文化影响力领先的地区

G. 全体人民共同富裕基本实现

H. 建成经济繁荣、社会文明、生态宜居、人民幸福的美好新海南

题号	拓展同类必刷题	答案
1	到21世纪中叶，海南的发展目标为（　　）。	EFGH

考点点评

建设海南自由贸易港的制度设计共包含11项，重点掌握贸易自由便利、现代产业体系和税收制度的具体要求。

考点8　长江三角洲区域的发展目标

例： 长江三角洲区域到2025年的发展目标有（ABCDEF）。

A. 城乡区域协调发展格局基本形成

B. 科创产业融合发展体系基本建立

C. 基础设施互联互通基本实现

D. 生态环境共保联治能力显著提升

E. 公共服务便利共享水平明显提高

F. 一体化体制机制更加有效

G. 长三角一体化发展达到较高水平

H. 现代化经济体系基本建成，城乡区域差距明显缩小

I. 公共服务水平趋于均衡，基础设施互联互通全面实现

J. 人民基本生活保障水平大体相当，一体化发展体制机制更加完善

题号	拓展同类必刷题	答案
1	长江三角洲区域到2035年的发展目标有（　　）。	GHIJ

考点9　长江三角洲区域一体化发展的重点任务

例： 长江三角洲区域一体化发展的重点任务有（ABCDEFGHI）。

A. 提升基础设施互联互通水平

B. 加强协同创新产业体系建设

C. 推动形成区域协调发展新格局

D. 强化生态环境共保联治

E. 加快公共服务便利共享

F. 推进更高水平协同开放

G. 创新一体化发展体制机制
H. 高水平建设长三角生态绿色一体化发展示范区
I. 高标准建设上海自由贸易试验区新片区

考点点评

1. 本考点要与黄河流域生态保护和高质量发展的主要任务相互区分。

2. 通过上题可知长江三角洲区域一体化发展的重点任务共九大方面，而每一方面的具体任务有哪些，同样是需要考生重点记忆的。

考点 10　黄河流域生态保护和高质量发展

例： 根据黄河流域生态保护及高质量发展的主要任务，推进黄河流域水资源节约集约利用的具体任务主要有（GHIJ）。

A. 上游以三江源、祁连山、甘南黄河上游水源涵养区等为重点，推进实施一批重大生态保护修复和建设工程
B. 中游突出抓好水土保持和污染治理
C. 保护好下游黄河三角洲湿地生态系统，提高生物多样性
D. 完善水沙调控机制
E. 解决九龙治水、分头管理问题
F. 实施河道和滩区综合提升治理工程
G. 合理规划人口、城市和产业发展
H. 大力发展节水产业和技术
I. 实施全社会节水行动
J. 推动用水方式由粗放向节约集约转变
K. 三江源、祁连山等生态功能重要地区要保护生态，涵养水源
L. 河套灌区、汾渭平原等粮食主产区要发展现代农业
M. 区域中心城市等经济发展条件好的地区要集约发展
N. 贫困地区要提高基础设施和公共服务水平
O. 推进黄河文化遗产的系统保护

题号	拓展同类必刷题	答案
1	根据黄河流域生态保护及高质量发展的主要任务，加强生态环境保护的具体任务主要有（　　）。	ABC
2	根据黄河流域生态保护及高质量发展的主要任务，保障黄河长治久安的具体任务主要有（　　）。	DEF
3	根据黄河流域生态保护及高质量发展的主要任务，推动黄河流域高质量发展的具体任务主要有（　　）。	KLMN
4	根据黄河流域生态保护及高质量发展的主要任务，保护、传承、弘扬黄河文化的具体任务主要是（　　）。	O

考点点评

1. 黄河流域生态保护和高质量发展的主要任务共五大方面（即以上题干中的画线部分），对于这五大方面也可能会考查一道多项选择题。

2. 黄河流域是连接青藏高原、黄土高原、华北平原的生态廊道。

四、本章真题实训

1.【2022 年真题】海南自由贸易港货物贸易自由化便利化制度的基本特征是（　　）。

A. 运输来往自由便利　　B. 实行“零关税”

C. 既准入又准营　　D. 扩大数据领域开放

2.【2022 年真题】根据《中共中央　国务院关于支持海南全面深化改革开放的指导意见》，下列不属于海南全面深化改革开放 2025 年发展目标的是（　　）。

A. 自由贸易试验区建设取得重要进展　　B. 自由贸易港制度初步建立

C. 营商环境达到国内一流水平　　D. 公共服务水平和质量达到国内先进水平

3.【2021 年真题】下列属于雄安新区发展定位的是（　　）。

A. 区域整体协同发展改革引领区　　B. 具有全球影响力的国际科技创新中心

C. 创新驱动发展引领区　　D. 打造国际一流的和谐宜居之都示范区

4.【2021 年真题】海南全面深化改革开放，积极培育旅游消费新热点，打造（　　）。

A. 全面深化改革开放试验区　　B. 国家生态文明试验区

C. 国际旅游消费中心　　D. 国家重大战略服务保障区

5.【2023 年真题】黄河流域生态保护和高质量发展的主要任务包括（　　）。

A. 加强生态环境保护　　B. 保障黄河长治久安

C. 推进水资源节约集约利用　　D. 率先实现基础设施互联互通

E. 推动黄河流域高质量发展

6.【2022 年真题】黄河流域是我国重要的生态走廊，其连接的地理单元有（　　）。

A. 云贵高原　　B. 青藏高原

C. 江汉平原　　D. 黄土高原

E. 华北平原

7.【2021 年真题】长三角一体化发展规划确定的 2025 年发展目标包括（　　）。

A. 现代经济体系基本建成　　B. 科创产业融合发展体系基本建立

C. 基础设施联通基本实现　　D. 城乡区域差距明显缩小

E. 公共服务水平趋于平衡

五、本章真题实训答案及解析

1. B。建设海南自由贸易港，对货物贸易实行以“零关税”为基本特征的自由化便利化制度安排。

2. A。到 2025 年，经济增长质量和效益显著提高；自由贸易港制度初步建立，故选项 B 不选，营商环境达到国内一流水平，故选项 C 不选；民主法制更加健全，治理体系和治理能力现代化水平明显提高；公共服务水平和质量达到国内先进水平，故选项 D 不选，基本公共服务均等化实现；生态环境质量继续保持全国领先水平。选项 A 属于 2020 年的发展目标。

3. C。雄安新区发展定位：绿色生态宜居新城区；创新驱动发展引领区；协调发展示范区；开放发展先行区。

4. C。海南全面深化改革开放的战略定位：全面深化改革开放试验区；国家生态文明试验区；国际旅游消费中心；国家重大战略服务保障区。推动形成国际旅游消费中心应大力推进旅游消费领域对外开放，积极培育旅游消费新热点，下大气力提升服务质量和国际化水平，打造业态丰富、品牌集聚、环境舒适、特色鲜明的国际旅游消费胜地。

5. ABCE。黄河流域生态保护和高质量发展的主要任务除选项 ABCE 外，还包括保护、传承、弘扬黄河文化。

6. BDE。黄河流域是连接青藏高原、黄土高原、华北平原的生态廊道。

7. BC。到 2025 年，长三角一体化发展目标：城乡区域协调发展格局基本形成；科创产业融合发展体系基本建立，故选项 B 正确；基础设施互联互通基本实现，故选项 C 正确；生态环境共保联治能力显著提升；公共服务便利共享水平明显提高；一体化体制机制更加有效。

六、本章同步练习

（一）单项选择题（每题 1 分。每题的备选项中，只有 1 个符合题意）

1. 投资贸易合作是"一带一路"建设的（　　）。

A. 重点内容　　B. 重要保障
C. 优先领域　　D. 重要支撑

2. 根据《长江经济带发展规划纲要》，到（　　）年，水脉畅通、功能完备的长江全流域黄金水道全面建成。

A. 2020　　B. 2022　　C. 2030　　D. 2035

3. 下列关于海南自由贸易港制度设计的说法中，错误的是（　　）。

A. 对货物贸易，实行以"低关税"为基本特征的自由化便利化制度安排
B. 实行更加开放的人才和停居留政策
C. 大力发展旅游业、现代服务业和高新技术产业，不断夯实实体经济基础，增强产业竞争力
D. 建立以海南自由贸易港法为基础，以地方性法规和商事纠纷解决机制为重要组成的自由贸易港法治体系

4. 根据京津冀协同发展规划，下列关于河北功能定位的说法中，正确的是（　　）。

A. 区域整体协同发展改革引领区　　B. 全国先进制造研发基地
C. 全国现代商贸物流重要基地　　D. 北方国际航运核心区

5. 京津冀协同发展的空间布局是"一核、双城、三轴、四区、多节点"。其中，"一核"是指（　　）。

A. 北京　　B. 天津　　C. 石家庄　　D. 唐山

6. 到 2035 年，长江三角洲区域的发展目标是（　　）。

A. 城乡区域协调发展格局基本形成　　B. 长三角一体化发展达到较高水平
C. 一体化体制机制更加有效　　D. 科创产业融合发展体系基本建立

7. 到 2035 年，长江三角洲区域一体化的发展目标是（　　）。

A. 人均期望寿命达到 79 岁
B. 劳动年龄人口平均受教育年限达到 11.5 年
C. 现代化经济体系基本建成
D. 统一开放的市场体系基本建立

（二）多项选择题（每题 2 分。每题的备选项中，有 2 个或 2 个以上符合题意，至少有 1 个错项。错选，本题不得分；少选，所选的每个选项得 0.5 分）

1. 关于天津的功能定位的说法中，正确的有（　　）。

A. 全国先进制造研发基地　　B. 北方国际航运核心区
C. 金融创新运营示范区　　D. 科技创新中心
E. 京津冀生态环境支撑区

2. 下列关于北京功能定位的说法中，正确的有（　　）。

A. 全国政治中心
B. 国际交往中心
C. 全国先进制造研发基地
D. 金融创新运营示范区
E. 科技创新中心

3. 根据《长江经济带发展规划纲要》，长江经济带的战略定位包括（　　）。

A. 区域整体协同发展改革引领区
B. 生态文明建设的先行示范带
C. 引领全国转型发展的创新驱动带
D. 具有全球影响力的内河经济带
E. 东中西互动合作的协调发展带

4.《河北雄安新区规划纲要》提出，雄安新区的发展定位是（　　）。

A. 创新驱动发展引领区
B. 协调发展示范区
C. 绿色生态宜居新城区
D. 生态文明建设示范区
E. 开放发展先行区

5. 长江经济带发展的基本原则包括（　　）。

A. 江湖和谐、生态文明
B. 改革引领、创新驱动
C. 促进就业、脱贫攻坚
D. 通道支撑、协同发展
E. 陆海统筹、双向开放

6. 建设粤港澳大湾区需完善城市群和城镇发展体系，对于深圳而言，应当（　　）。

A. 充分发挥国家中心城市和综合性门户城市引领作用
B. 全面增强国际商贸中心、综合交通枢纽功能
C. 加快建成现代化国际化城市
D. 发挥作为经济特区、全国性经济中心城市和国家创新型城市的引领作用
E. 培育提升科技教育文化中心功能

七、本章同步练习答案

（一）单项选择题

1. A	2. C	3. A	4. C	5. A
6. B	7. C			

（二）多项选择题

1. ABC	2. ABE	3. BCDE	4. ABCE	5. ABDE
6. CD				

2024 全国注册咨询工程师(投资)职业资格考试
预测试卷(一)

一、单项选择题（共 60 题，每题 1 分。每题的备选项中，只有 1 个最符合题意）

1. 根据新时代的发展理念，(　　) 是国家繁荣发展的必由之路。

A. 协调　　B. 创新　　C. 共享　　D. 开放

2. 在相互可替代的商品之间，价格与需求变动的规律是（　　）。

A. 替代品价格上升，被替代品需求减少　　B. 替代品价格上升，被替代品需求增加

C. 替代品价格变动，被替代品需求不变　　D. 无稳定的变动规律

3. 市场如何解决的基本问题中，(　　) 是指产品在社会成员之间如何分配的问题。

A. “为谁生产”　　B. “生产多少”

C. “如何生产”　　D. “生产什么”

4. 由于劳动力的供给与需求不匹配所导致的失业称为（　　）。

A. 摩擦性失业　　B. 结构性失业

C. 周期性失业　　D. 稳态性失业

5. 从收入方面统计，国内生产总值（GDP）等于（　　）。

A. 工资 + 租金 + 利息 + 利润 + 折旧

B. 租金 + 利息 + 利润

C. 工资 + 租金 + 利息 + 利润 + 直接税

D. 工资 + 租金 + 利息 + 利润 + 折旧 + 间接税

6. 下列不属于宏观调控主要任务的是（　　）。

A. 保持经济总量平衡　　B. 促进重大经济结构协调和生产力布局优化

C. 避免经济周期波动影响　　D. 防范区域性、系统性风险，稳定市场预期

7. 经济运行状况的主要指示器是（　　）。

A. 通货膨胀率　　B. 消费价格指数

C. GDP 平减指数　　D. 生产价格指数

8. 年物价水平上升速率在 10% ~100% 的通货膨胀属于（　　）。

A. 初级的通货膨胀　　B. 温和的通货膨胀

C. 恶性的通货膨胀　　D. 严重的通货膨胀

9. 关于公共物品与公共政策的表述中，错误的是（　　）。

A. 纯粹的公共物品是少而又少的，非排他性和非竞争性都只是程度问题

B. 同时具有一定公共物品和私人物品特性的产品被称为“混合物品”

C. 纯公共物品要通过公共部门预算来提供，意味着必定由公共部门生产

D. 混合物品或服务的供给，一部分可以由私人部门通过市场提供，另一部分也可以通过政府部门直接提供

10. 货币政策的根本目标是（　　）。

A. 货币比值的增长　　B. 宏观调控

C. 使净出口最大化　　D. 保持货币值的稳定，并以此促进经济增长

11. 在我国投资宏观调控的手段中，(　　) 主要包括利率、汇率、税收和价格等。

A. 经济政策　　B. 计划指导和信息引导

C. 经济杠杆　　D. 行政手段

12. 国家根据建设项目对环境的影响程度，对建设项目的环境影响评价实行分类管理。对于可能造成轻度环境影响的，应当（　　）。

A. 填报环境影响登记表，对产生的环境影响进行分析或者专项评价

B. 编制环境影响报告书，对产生的环境影响进行全面评价

C. 编制环境影响报告书，对产生的环境影响进行分析或者专项评价

D. 编制环境影响报告表，对产生的环境影响进行分析或者专项评价

13. 本币与外币的比价由市场自行调节，政府既不规定本国货币与外国货币的兑换比例，也不限定汇率波动幅度的汇率制度是（　　）。

A. 固定汇率制度　　B. 可调整的钉住汇率制度

C. 有管理的浮动制度　　D. 浮动汇率制度

14. 财政收入的最主要来源是（　　）。

A. 税收　　B. 专项收入

C. 罚没收入　　D. 捐赠收入

15. 国有资本经营预算应当按照（　　）的原则编制，不列赤字，并安排资金调入一般公共预算。

A. 统筹兼顾　　B. 量力而行

C. 讲求绩效　　D. 收支平衡

16. 扩张性财政政策的工具主要有（　　）。

A. 减税（降低税率）和增加财政支出　　B. 减税（提高税率）和减少财政支出

C. 抑制总需求　　D. 减少民间的可支配收入

17. 下列不属于行政单位国有资产管理原则的是（　　）。

A. 资产管理与预算管理相结合　　B. 资产管理与财务管理相结合

C. 资产管理与实物管理相结合　　D. 实物管理与价值管理相结合

18. 下列属于地方财政支出责任的是（　　）。

A. 武警经费　　B. 外交支出

C. 公检法经费　　D. 国防经费

19. 通过财政分配活动来增加和刺激社会总需求的财政政策类型属于（　　）。

A. 扩张性财政政策　　B. 中性财政政策

C. 紧缩性财政政策　　D. 自动稳定的财政政策

20. 国家参与国民收入分配最主要、最规范的形式是（　　）。

A. 税收　　B. 行政事业性收费

C. 政府性基金　　D. 国债

21. 对商品生产、流通、劳务服务中多个环节的新增价值或商品的附加值征收的一种流转税是（　　）。

A. 企业所得税　　B. 消费税

C. 资源税　　D. 增值税

22. 根据《中华人民共和国预算法》的规定，下列属于各级人民代表大会常务委员会预算管理职权的是（　　）。

A. 提出本级预算预备费动用方案　　B. 审查和批准本级预算的调整方案

C. 组织本级总预算的执行　　D. 批准本级预算和本级预算执行情况的报告

23. 下列关于预算执行的说法中，错误的是（　　）。

A. 各级预算由本级政府组织执行，具体工作由本级政府财政部门负责

B. 各部门、各单位是本部门、本单位的预算执行主体，并对执行结果负责
C. 政府的全部收入应当上缴国家金库
D. 乡、民族乡、镇及以上各级预算必须设立国库

24. 在国家开发银行开展的五大业务中，（　　）主要围绕国家战略重点和开发性金融机构定位。

A. 规划业务　　B. 信贷业务
C. 中间业务　　D. 资金业务

25. 各级一般公共预算可以按照国务院的规定设置预算周转金，用于（　　）。

A. 成本补偿
B. 社会公共需要支出
C. 弥补以后年度预算资金的不足
D. 本级政府调剂预算年度内季节性收支差额

26. 国家征税后，税款一律纳入国家财政预算统一分配，而不直接向具体纳税人返还或支付报酬。这一说法体现了税收具有（　　）的特征。

A. 强制性　　B. 无偿性
C. 公平性　　D. 固定性

27. 我国现行的车船税和土地使用税等属于（　　）。

A. 正税　　B. 从量税
C. 价内税　　D. 中央税

28. 土地增值税采用四级超额累进税率，增值额未超过扣除项目金额 50% 的部分，税率为（　　）。

A. 30%　　B. 40%　　C. 50%　　D. 60%

29. 我国的金融市场体系中，（　　）是典型的以机构投资者为主体的市场，其活动的主要目的是保持资金的流动性。

A. 资本市场　　B. 货币市场　　C. 外汇市场　　D. 期货市场

30. 中央银行集中保管商业银行的准备金，并对其发放贷款，因此被称为（　　）。

A. 银行的银行　　B. 国家的银行
C. 发行的银行　　D. 政府的银行

31. 下列不属于普惠金融特征的是（　　）。

A. 业务的竞争性　　B. 服务的公平性
C. 参与的广泛性　　D. 业务的全面性

32. 改革开放以来我国的产业政策经历了数次变更，十八大以来我国产业政策所处的阶段是（　　）。

A. 开始探索制定和运用产业结构政策
B. 产业结构政策的制定和运用逐步成熟
C. 推进供给侧结构性改革，振兴实体经济
D. 解决农、轻、重比例失调的产业政策

33. 下列关于我国信贷政策的表述中，不正确的是（　　）。

A. 信贷政策主要着眼于解决经济结构问题
B. 信贷政策的有效实施，对于疏通货币政策传导渠道，发挥着积极的促进作用
C. 信贷政策的有效贯彻实施，完全依靠经济手段和法律手段
D. 信贷资金的结构配置和使用效率，很大程度上决定着全社会的资金配置结构和运行效率

34. 城市维护建设税采用差别比例税制，市区的纳税比例为（　　）。

A. 1%　　B. 3%　　C. 5%　　D. 7%

35. 在产业政策中具有核心地位的是（　　）。
A. 产业结构政策　　B. 产业布局政策
C. 产业技术政策　　D. 产业组织政策

36. 普惠化产业政策的核心在于（　　）。
A. 消除隐性壁垒和促进市场公平
B. 正确处理好政府与市场的关系
C. 促进市场竞争和提高经济效率
D. 正确处理好不同类型的产业、企业之间的关系

37. 开展大规模国土绿化行动，加快水土流失和荒漠化石漠化综合治理，是推动形成绿色发展方式和生活方式的重点任务中（　　）提出的具体任务。
A. 倡导推广绿色消费　　B. 加快推进生态保护修复
C. 加大环境污染综合治理　　D. 完善生态文明制度体系

38. 加快推进生态文明建设是（　　）的重大举措。
A. 加快转变经济发展方式、提高发展质量和效益
B. 坚持以人为本、促进社会和谐
C. 全面建成小康社会、实现中华民族伟大复兴中国梦
D. 积极应对气候变化、维护全球生态安全

39. 根据《全国重要生态系统保护和修复重大工程总体规划（2021—2035 年）》，青藏高原生态屏障区以（　　）为导向。
A. 推动亚热带森林、河湖、湿地生态系统的综合整治和自然恢复
B. 推动高寒生态系统自然恢复
C. 推动森林生态系统、草原生态系统自然恢复
D. 推动森林、草原和荒漠生态系统的综合整治和自然恢复

40. 实施国土空间用途管制和生态保护修复的重要依据是（　　）。
A. 发展规划　　B. 专项规划
C. 区域规划　　D. 空间规划

41. 居于规划体系最上位的是（　　）。
A. 国家级专项规划　　B. 国家发展规划
C. 国家级区域规划　　D. 国家级空间规划

42. 加快推进生态文明建设应坚持把深化改革和创新驱动作为（　　）。
A. 基本途径　　B. 基本动力
C. 基本方针　　D. 重要支撑

43. 报请国务院批准的国家级（　　），由国务院自然资源主管部门会同发展改革部门制定编制目录清单，报国务院批准实施。
A. 发展规划　　B. 专项规划
C. 区域规划　　D. 空间规划

44. 我国发展规划按行政层级分为（　　）。
A. 国家级规划和省级规划两级
B. 国家级规划、省级规划和市县级规划三级
C. 省级规划和市县级规划两级
D. 总体规划、专项规划和区域规划三级

45. 产业政策要围绕国家发展规划确定的产业发展和结构调整方向，突出（　　），强化普惠

公平，完善市场机制和利益导向机制。

A. 功能性　　B. 宏观性

C. 权威性　　D. 政策性

46. 规划目标包括总体目标、主要目标以及具体指标。下列关于主要目标的说法中，正确的是（　　）。

A. 在内容上应充分体现总体目标

B. 一般是根据党治国理政的要求、国家的发展战略、人民的期盼等提出的

C. 涉及发展的各主要方面，通常采用定性与定量相结合的方式，并以定量为主

D. 通常采用约束性与预期性相结合的方式

47. 全国国土空间规划应由（　　）组织编制。

A. 自然资源部会同相关部门　　B. 国务院

C. 省级政府　　D. 市级政府

48. 在城镇开发边界外的建设，应实行（　　）的管制方式。

A. “整体规划 + 分区准入”

B. “详细规划 + 规划许可” 和 “约束指标 + 分区准入”

C. “详细规划 + 约束指标”

D. “规划许可 + 分区准入”

49. 关于推动绿色发展持续改善环境质量的表述，错误的是（　　）。

A. 完善能源消费总量和强度双控制度，重点控制化石能源消费

B. 实施以碳排放总量控制为主、碳强度控制为辅的制度

C. 支持有条件的地方和重点行业、重点企业率先达到碳排放峰值

D. 提升生态系统碳汇能力

50. 根据《中共中央关于制定国民经济和社会发展第十四个五年规划和二〇三五年远景目标的建议》，建设高质量教育体系应巩固提升高中阶段教育普及水平，使高中阶段教育毛入学率提高到（　　）以上。

A. 90%　　B. 92%　　C. 95%　　D. 85%

51. 乡村振兴的重大政策举措是推进体制机制创新，（　　）。

A. 强化乡村振兴人才支撑　　B. 强化乡村振兴规划引领

C. 强化乡村振兴投入保障　　D. 强化乡村振兴制度性供给

52. 关于先进制造业集群的说法中，正确的是（　　）。

A. 以先进发展理念为主攻方向　　B. 以先进技术为引领

C. 以先进制造业为支撑　　D. 以集群化网络化分工为主要特征

53. 根据 “互联网 +” 行动发展目标，到 2025 年，（　　）的 “互联网 +” 产业生态体系基本完善。

A. 网络化、智能化、服务化、个性化　　B. 网络化、智能化、服务化、协同化

C. 多元化、智能化、服务化、个性化　　D. 网络化、智能化、多元化、个性化

54. “互联网 +” 智慧能源重点行动包括（　　）。

A. 提升网络化服务水平　　B. 完善农副产品质量安全追溯体系

C. 建设分布式能源网络　　D. 提升网络化协同制造水平

55. 根据 “十四五” 规划《纲要》，完善养老服务体系需要加大养老护理型人才培养力度，扩大养老机构护理型床位供给，养老机构护理型床位占比提高到（　　）。

A. 45%　　B. 50%　　C. 55%　　D. 60%

56. 不属于 “互联网 +” 创业创新措施的是（　　）。

A. 强化创业创新支撑

B. 积极发展众创空间

C. 大力发展智能制造

D. 发展开放式创新

57. 全面建成具有较强国际影响力的高水平自由贸易港的时间是（　　）。

A. 2030 年　B. 2025 年　C. 2035 年　D. 21 世纪中叶

58.《京津冀协同发展规划纲要》提出的“一核、双城、三轴、四区、多节点”中的（　　）构成了支撑京津冀协同发展的主体框架。

A. 双城

B. 三轴

C. 四区

D. 多节点

59. “一带一路”建设的重要支撑是（　　）。

A. 资金融通

B. 贸易畅通

C. 政策沟通

D. 设施联通

60. 到 2035 年，粤港澳大湾区将形成以（　　）为主要支撑的经济体系和发展模式，经济实力、科技实力大幅跃升，国际竞争力、影响力进一步增强。

A. 科技

B. 经济

C. 多元市场

D. 创新

二、多项选择题（共 35 题，每题 2 分。每题的备选项中，有 2 个或 2 个以上符合题意，至少有 1 个错项。错选，本题不得分；少选，所选的每个选项得 0.5 分）

61. 当实行保护价格时，会出现（　　），如果没有伴随政府收购，就会出现。

A. 政府收购　B. 过剩现象　C. 市场短缺　D. 变相降价

E. 以次充好

62. 加快建设创新型国家应采取的措施有（　　）。

A. 推动互联网、大数据、人工智能和实体经济深度融合

B. 强化战略科技力量

C. 改造提升传统动能

D. 加强对中小企业创新的支持

E. 建立以企业为主体、市场为导向、产学研深度融合的技术创新体系

63. 下列土地免缴土地使用税的有（　　）。

A. 国家机关、人民团体、军队自用的土地

B. 由国家财政部门拨付事业经费的单位自用的土地

C. 宗教寺庙、公园、名胜古迹自用的土地

D. 未经批准开山填海整治的土地

E. 直接用于农、林、牧、渔业的生产用地

64. 关于市场效率和市场失灵的表述中，正确的有（　　）。

A. 完全竞争市场是市场效率实现的前提

B. 市场效率是指市场发挥决定性作用下的资源配置效率

C. 在完全竞争状态下，当整个经济的价格体系恰好使所有的商品供求都相等时，经济就处于一般均衡状态

D. 帕累托效率状态是不存在帕累托改进可能的资源配置状态

E. 市场过于分散是导致市场失灵的主要情形

65. GDP 统计核算方法有（　　）。

A. 节约法

B. 收入法

C. 生产法

D. 支出法

E. 成本法

66. 按照价格上升的速度，通货膨胀的类型包括（　　）。

A. 温和的通货膨胀　　B. 严重的通货膨胀

C. 恶性的通货膨胀　　D. 需求拉动型通货膨胀

E. 成本推动型通货膨胀

67. 总需求构成中，决定投资需求的主要因素有（　　）。

A. 消费需求　　B. 产出水平

C. 净出口　　D. 对将来的预期

E. 资本成本

68. 财政政策作为宏观调控的重要手段，具有的功能包括（　　）。

A. 导向功能　　B. 管理功能

C. 协调功能　　D. 控制功能

E. 稳定功能

69. 市场经济本质上就是市场决定资源配置的经济，健全社会主义市场经济体制必须遵循这条规律，着力解决（　　）等问题。

A. 资源消耗过多　　B. 市场体系不完善

C. 利益分配机制不完善　　D. 政府干预过多

E. 政府监管不到位

70. 在现阶段，实施健康中国战略可采取的措施有（　　）。

A. 发展残疾人事业，加强残疾康复服务

B. 深入开展爱国卫生运动，倡导健康文明生活方式

C. 全面取消以药养医，健全药品供应保障制度

D. 支持社会办医，发展健康产业

E. 深化医药卫生体制改革

71. 根据《生态文明体制改革总体方案》，建立国土空间开发保护制度应当采取的措施有（　　）。

A. 完善主体功能区制度　　B. 完善经济社会发展考核评价体系

C. 建立国家公园体制　　D. 健全国土空间用途管制制度

E. 完善自然资源监管体制

72. 经全国人民代表大会批准的中央预算和经地方各级人民代表大会批准的地方各级预算，在执行中出现（　　）情况，应当进行预算调整。

A. 需要增加或者减少预算总支出的

B. 需要调入预算稳定调节基金的

C. 需要调减预算安排的重点支出数额的

D. 需要减少举借债务数额的

E. 需要增加举借债务数额的

73. 政策性银行的特征主要体现在（　　）。

A. 监管政策的差异性　　B. 业务范围的特定性

C. 交易服务的集中性　　D. 资金来源的稳定性

E. 金融服务的优惠性

74. 我国税收制度设计遵循的原则包括（　　）。

A. 财政原则　　B. 适度原则

C. 效率原则　　D. 盈利原则

E. 公平原则

75. 在高质量发展阶段，我国社会政策的发展方向包括（　　）。

A. 健全规划动态调整和修订机制
B. 完善规划实施监督考核机制
C. 构建服务全民终身学习的教育体系，促进就业创业
D. 继续补齐卫生健康短板，为人民群众提供更好的医疗服务
E. 完善社会福利体系，增加人民群众的幸福感

76. 证券交易所的职能包括（　　）。
A. 对会员进行监管
B. 审核、安排证券上市交易
C. 提供证券交易的场所和设施
D. 制定证券交易所的业务规则
E. 证券投资咨询

77. 选择性货币政策工具包括（　　）等。
A. 公开市场操作
B. 利率限制
C. 流动性比率限制
D. 信用配额
E. 对金融企业窗口指导

78. 市级总体规划要体现（　　），落实和深化上位规划要求，为编制下位国土空间总体规划、详细规划、相关专项规划和开展各类开发保护建设活动、实施国土空间用途管制提供基本依据。
A. 多样性
B. 协调性
C. 综合性
D. 战略性
E. 基础性

79. 国家产业布局政策主要包括（　　）。
A. 划分由中央政府和地方政府管理的产业
B. 鼓励竞争和限制垄断
C. 确立不同地区的主导产业和产业发展序列
D. 协调区域经济关系，减少地区之间的矛盾和摩擦
E. 根据各地区资源条件和现有产业分布，合理规划基础产业的建设和布局

80. 按调控方式的不同，选择性货币政策工具可以分为（　　）。
A. 法定存款准备金
B. 再贴现
C. 公开市场业务
D. 信用控制
E. 间接信用控制

81.《交通强国建设纲要》提出，到2035年，建设交通强国的发展目标有（　　）。
A. 完成决胜全面建成小康社会交通建设任务
B. 拥有发达的快速网、完善的干线网、广泛的基础网
C. 城乡区域交通协调发展达到新高度
D. 现代化综合交通体系基本形成
E. 基本实现交通治理体系和治理能力现代化

82. 建设交通强国应采取的保障措施有（　　）。
A. 加强顶层设计
B. 加强党的领导
C. 加强实施管理
D. 加强资金保障
E. 做好统筹协调

83. 规划的功能体现在（　　）。
A. 综合协调功能
B. 战略导向功能
C. 规避风险功能
D. 政策指导调节功能
E. 引导资源配置功能

84. 完善流动性货币政策管理工具的措施包括（　　）。

A. 实施普惠金融定向降准政策
B. 创设抵押补充贷款
C. 优化存款准备金制度
D. 完善公开市场操作体系
E. 创设中期借贷便利

85. 推动民营企业加强自主创新和转型升级应采取的措施有（　　）。

A. 鼓励民间资本进入国防科技工业投资建设领域
B. 鼓励民营企业加大新产品开发力度，实现产品更新换代
C. 鼓励和引导民营企业通过参股、控股、资产收购等多种形式，参与国有企业的改制重组
D. 加快实施促进科技成果转化的鼓励政策
E. 贯彻落实鼓励企业增加研发投入的税收优惠政策

86. 自然垄断行业的特征主要体现在（　　）。

A. 公益性
B. 垄断性
C. 部分业务具有可竞争性
D. 非营利性
E. 不可选择性

87. 一般公共预算支出按照其经济性质分类，可分为（　　）。

A. 国防支出
B. 商品和服务支出
C. 环境保护支出
D. 工资福利支出
E. 资本性支出

88. 货币市场主要包括（　　）。

A. 大额可转让定期存单市场
B. 股票市场
C. 债券市场
D. 同业拆借市场
E. 回购市场

89. 在高质量发展阶段下推动产业政策向普惠化和功能性转型，应当（　　）。

A. 实现社会公平分配
B. 重点关注先进制造业
C. 缩小收入差距
D. 强化支持技术创新和结构升级
E. 有效化解过剩产能

90. 双评价成果在国土空间规划编制中可以支撑完善主体功能分区，两种或多种功能特征明显的区域，按照（　　）的原则，结合区域发展战略定位，以及在全国或区域生态、农业、城镇格局中的重要程度，综合权衡后，确定其主体功能定位。

A. 生态优先　B. 安全优先　C. 效益优先　D. 节约优先
E. 保护优先

91. 规划主要任务是围绕着实现规划目标而做出的一系列行动安排，其重要组成部分包括（　　）。

A. 重大平台
B. 重大工程项目
C. 重大部署
D. 重大政策
E. 重大改革开放举措

92. 建立全国统一、责权清晰、科学高效的国土空间规划体系，整体谋划新时代国土空间开发保护格局，综合考虑人口分布、经济布局、国土利用、生态环境保护等因素，科学布局生产空间、生活空间、生态空间，是（　　）的关键举措。

A. 实现高质量发展和高品质生活
B. 加快形成绿色生产方式和生活方式
C. 保障国家战略有效实施
D. 推进生态文明建设
E. 建设美丽中国

93. 国土空间生态修复和国土综合整治重大工程的确定与时序安排，应优先在（　　）等区域开展。

A. 灾害危险性高
B. 环境污染严重
C. 生态极脆弱
D. 贫困人口相对集中
E. 城镇密集性高

94. 根据“十四五”规划《纲要》，完善城镇化空间布局的具体措施包括（　　）。

A. 推动城市群一体化发展
B. 建设现代化都市圈
C. 完善中小城市宜居宜业功能
D. 加快推动京津冀协同发展
E. 优化提升超大特大城市中心城区功能

95. 建设交通强国的重点任务包括（　　）。

A. 运输服务便捷舒适、经济高效
B. 交通装备先进适用、完备可控
C. 加快融合基础设施、智能改造
D. 安全保障完善可靠、反应快速
E. 科技创新富有活力、智慧引领

2024 全国注册咨询工程师（投资）职业资格考试
预测试卷（一） 参考答案

1. D	2. A	3. A	4. B	5. D
6. C	7. A	8. D	9. C	10. D
11. C	12. D	13. D	14. A	15. D
16. A	17. C	18. C	19. A	20. A
21. D	22. B	23. D	24. B	25. D
26. B	27. B	28. A	29. B	30. A
31. A	32. C	33. C	34. D	35. D
36. D	37. B	38. D	39. B	40. D
41. B	42. B	43. D	44. B	45. A
46. A	47. A	48. B	49. B	50. B
51. D	52. D	53. B	54. C	55. C
56. C	57. D	58. B	59. A	60. D
61. BD	62. BDE	63. ABCE	64. ABCD	65. BCD
66. ABC	67. BDE	68. ACDE	69. BDE	70. BCDE
71. ACDE	72. ABCE	73. ABDE	74. ABCE	75. CDE
76. ABCD	77. BCDE	78. BCDE	79. CDE	80. DE
81. BCDE	82. BCD	83. ABDE	84. CDE	85. BDE
86. ABCE	87. BDE	88. ADE	89. BDE	90. ABDE
91. ABDE	92. BDE	93. ABC	94. ABE	95. ABDE

2024全国注册咨询工程师(投资)职业资格考试预测试卷(二)

一、单项选择题（共60题，每题1分。每题的备选项中，只有1个最符合题意）

1. 任何一个经济体，都面对着三个基本问题，即“生产什么、生产多少”“如何生产”“为谁生产”。以（　　）为核心的市场机制，能自发解决这三个基本问题。

A. 工作机制　　B. 价格机制

C. 投资回报机制　　D. 动态管理机制

2. 政府对国民收入分配进行调节是保持社会稳定的基本机制，二次分配是在初次分配的基础上进行的再调节，其主要渠道不包括（　　）。

A. 津贴和补助　　B. 社会缴款和社会福利

C. 收入税　　D. 财产税

3. 根据劳动市场上失业的原因划分，失业的类型不包括（　　）。

A. 摩擦性失业　　B. 结构性失业

C. 非自愿性失业　　D. 周期性失业

4. 在没有超额需求的情况下，生产资料价格和工资上涨过快导致的价格总水平上升，属于（　　）通货膨胀。

A. 成本推动型　　B. 需求拉动型

C. 输入型　　D. 混合型

5. 所谓增长源泉是指（　　）对经济增长的相对贡献。

A. 增长核算　　B. 劳动、资本和技术

C. 人力资源、自然资源　　D. 自然资源、政策措施

6. 在一定时间内和一定价格条件下，消费者对某种商品或服务愿意而且能够购买的数量称为（　　）。

A. 需求　　B. 供给　　C. 公共产品　　D. 均衡价格

7. 下列关于需求变动对均衡价格影响的表述，正确的是（　　）。

A. 当需求增加时，会引起均衡价格下降，均衡产量减少

B. 当需求减少时，会引起均衡价格上升，均衡产量增加

C. 需求变动引起均衡价格与均衡产量同方向变动

D. 需求变动引起均衡价格反方向变动、均衡产量同方向变动

8. 对使用期限在1年以上、单位价值在规定标准以上的房屋、建筑物及设备工器具的投资属于（　　）。

A. 自发投资　　B. 引致投资

C. 有形投资　　D. 重置投资

9. 现实市场经济中，市场机制在一些场合不能导致资源的最优配置，这种情况被称为（　　）。

A. 市场失灵　　B. 市场信息不对称

C. 市场效率　　D. 市场信息不完全

10. 少数几家厂商控制产品生产和销售的市场结构，称为（　　）。

A. 寡头市场　　B. 垄断市场

C. 完全竞争市场　　D. 垄断竞争市场

11. 一个国家（或地区）所有常住单位在一定时期内收入初次分配的最终结果称为（　　）。

A. 国内生产总值　　B. 国民总收入

C. 国民平均收入　　D. 国际生产总值

12. 从支出方面统计 GDP（支出法），是（　　）。

A. 对经济中所有企业在一定时期内的增加值进行加总

B. 由可获得的投入（资本、劳动、土地等）及技术效率决定的

C. 把一个国家或地区在一定时期内所有个人和部门购买最终产品和劳务的支出进行汇总

D. 统计经济中一定时期内所有生产要素的收入（工资、利息、地租、利润）的总和，加上折旧和政府间接税收入

13. 衡量价格水平变动的指标中，（　　）度量的是普通消费者购买一组固定消费品的价格变动。

A. GDP 平减指数　　B. 生产价格指数

C. 消费价格指数　　D. GNP 平减指数

14. 通过发行金融工具等方式筹措的各类资金，按照国家统一的会计制度应当分类为权益工具的，可以认定为投资项目资本金，但不得超过资本金总额的（　　）。

A. 50%　　B. 55%　　C. 60%　　D. 65%

15. 在外汇市场的主要参与者中作用最突出的是（　　）。

A. 商业银行　　B. 国际贸易公司

C. 资产管理公司　　D. 保险公司

16. 根据《境外投资管理办法》，我国对外投资实行（　　）的管理模式。

A. 核准为主、备案为辅　　B. 备案为主、核准为辅

C. 备案登记　　D. 预告登记

17. 经核定的投资概算是控制政府投资项目总投资的依据，初步设计提出的投资概算超过可行性研究报告提出的投资估算（　　）的，审批部门可以要求项目单位重新报送可行性研究报告。

A. 10%　　B. 8%　　C. 6%　　D. 5%

18. 商业银行的职能中，（　　）是商业银行最基本的功能，它在国民经济中发挥着多层次的调节作用，将闲散货币转化为资本，使闲置资本得到充分利用，将短期资金转化为长期资金。

A. 支付中介　　B. 信用中介　　C. 信用创造　　D. 金融服务

19. 在政府投资资金的安排方式中，（　　）是指政府安排政府投资资金投入非经营性项目，并由政府有关机构或其指定、委托的机关、团体、事业单位等作为项目法人单位组织建设实施的方式。

A. 直接投资　　B. 资本金注入

C. 投资补助　　D. 贷款贴息

20. 下列关于创新融资机制相关措施的表述，错误的是（　　）。

A. 大力发展直接融资

B. 充分发挥政策性、开发性金融机构的积极作用

C. 逐步缩小保险资金投资范围

D. 加快构建更加开放的投融资体制

21. 在工程咨询中，（　　）是项目评估、规划咨询、投资策划、政策研究等工作的重要依据。

A. 金融政策　　B. 财政政策　　C. 社会政策　　D. 产业政策

22. 一般公共预算支出按照（　　），可将其分为工资福利支出、商品和服务支出、资本性支出和其他支出。

A. 经济性质　　B. 功能
C. 支出程序　　D. 法律规定标准

23. 金融基础设施建设有助于改善普惠金融发展环境，推进金融基础设施建设的措施不包括（　　）。

A. 推进农村支付环境建设　　B. 完善信用信息体系建设
C. 加强金融知识普及教育　　D. 建立普惠金融统计体系

24. 各项财政补贴支出、社会保障支出及国债的利息支出属于（　　）。

A. 购买性支出　　B. 不可控制性支出
C. 转移性支出　　D. 可控制性支出

25. 在各种财政政策手段中居于核心地位，能系统地、明显地反映政府财政政策的意图和目标，具有综合性、计划性和法律性等特点的是（　　）。

A. 税收　　B. 政府投资
C. 政府预算　　D. 财政补贴

26. 安排用于保障和改善民生、推动经济社会发展、维护国家安全、维持国家机构正常运转等方面的收支预算是（　　）。

A. 一般公共预算　　B. 社会保险基金预算
C. 政府性基金预算　　D. 国有资本经营预算

27. 下列关于企业所得税税率的说法中，正确的是（　　）。

A. 一般情况下，企业所得税的税率为 20%
B. 非居民企业中在我国境内未设立机构、场所的，适用税率为 15%
C. 符合条件的小型微利企业，减按 20% 的税率征收
D. 国家需要重点扶持的高新技术企业，减按 10% 的税率征收

28. 消费税的纳税环节不包括（　　）。

A. 生产环节　　B. 进口环节
C. 零售环节　　D. 售后服务环节

29. 下列关于省级规划的说法中，错误的是（　　）。

A. 由中央政府组织编制
B. 具有承上启下的功能
C. 在编制时既要贯彻落实国家战略意图，又要充分体现地方特色
D. 既要为编制市县级规划提供重要依据，又要注意与相邻地区的规划做到相互协调

30. 下列关于我国商业银行相关事项的表述，错误的是（　　）。

A. 我国商业银行的经营范围由商业银行章程规定
B. 我国商业银行在中华人民共和国境内可以从事信托投资业务
C. 我国商业银行经中国人民银行批准，可以经营结汇、售汇业务
D. 我国商业银行不得向非自用不动产投资或者向非银行金融机构和企业投资

31. 截至 2019 年年末，我国股份制商业银行、城市商业银行、农村商业银行和农村信用社的中小银行数量有 4000 多家，资产总额约占银行业的（　　），是我国银行体系的重要组成部分。

A. 45%　　B. 50%　　C. 54%　　D. 60%

32. 根据《国务院关于积极推进“互联网 +”行动的指导意见》，“互联网 +”新经济形态初步形成是在（　　）。

A. 2030 年　　B. 2025 年　　C. 2035 年　　D. 2050 年

33. 根据《关于促进互联网金融健康发展的指导意见》的规定，负责对金融信息服务、互联网信息内容等业务进行监管的是（　　）。

A. 工商行政管理部门　　B. 电信主管部门

C. 国家互联网信息办公室　　D. 地方人民政府

34. 原产于与我国签订含有特殊关税优惠条款的贸易协定的国家或者地区的进口货物，适用（　　）。

A. 普通税率　　B. 惠国税率

C. 暂定税率　　D. 特惠税率

35. 在我国的金融市场体系中，（　　）是典型的以机构投资者为主体的市场，其活动的主要目的是保持资金的流动性。

A. 货币市场　　B. 资本市场

C. 黄金市场　　D. 期货市场

36. 产业政策的实施手段中，（　　）可以加快发展产业的薄弱环节，促进企业的设备投资，加快产业结构和市场组织结构调整。

A. 财税手段　　B. 金融手段

C. 贸易保护措施　　D. 组织措施

37. 自然垄断产业的规制政策中最核心的首先是（　　）。

A. 价格规制　　B. 进入规制

C. 技术设备规制　　D. 数量规制

38. 期货交易的基本特征不包括（　　）。

A. 每日无负债结算制度　　B. 交易集中化

C. 参与的广泛性　　D. 合约标准化

39. 下列关于减贫政策的说法中，错误的是（　　）。

A. 狭义的减贫政策主要是指直接向贫困者提供生活物资、社会服务和帮助

B. 减贫政策包括直接的现金救助和为贫者提供的医疗、住房等方面的特殊补贴

C. 实施减贫政策只是为了帮助贫困户通过发展生产解决生活困难

D. 减贫政策是把政府各有关部门和社会各方面的力量全面调动起来，共同为贫困户和贫困地区发展提供有效的帮助

40. 根据《中共中央关于制定国民经济和社会发展第十四个五年规划和二〇三五年远景目标的建议》，（　　）应推动区域性铁路建设，加快沿边抵边公路建设，继续推进“四好农村路”建设，完善道路安全设施。

A. 完善综合运输大通道　　B. 构建快速网

C. 提高交通通达深度　　D. 构建多层级、一体化综合交通枢纽体系

41. 根据《中共中央关于制定国民经济和社会发展第十四个五年规划和二〇三五年远景目标的建议》，为积极应对气候变化，应制定（　　）年前碳排放达峰行动方案。

A. 2025　　B. 2030　　C. 2050　　D. 2060

42.《全国重要生态系统保护和修复重大工程总体规划（2021—2035 年）》贯彻落实主体功能区战略，以国家生态安全战略格局为（　　），提出了以“三区四带”为核心的全国重要生态系统保护和修复重大工程总体布局。

A. 基础　　B. 重点　　C. 支撑　　D. 方向

43. 营造开放包容的发展环境，将互联网作为生产生活要素共享的重要平台，最大限度地优化资源配置，体现出“互联网 +”行动应遵循（　　）的原则。

A. 统筹规划，分类指导　　B. 自主发展，开放合作

C. 坚持开放共享　　D. 坚持融合创新

44. 我国的生态文明体制改革，坚持把（　　）作为基本途径。
A. 深化改革和创新驱动
B. 培育生态文化
C. 节约优先、保护优先、自然恢复
D. 绿色发展、循环发展、低碳发展

45. 应按照（　　）要求划定永久基本农田。
A. 生态功能
B. 集约适度
C. 保质保量
D. 绿色发展

46. 根据《全国重要生态系统保护和修复重大工程总体规划（2021—2035 年）》，生态系统的保护和修复以增强森林生态系统质量和稳定性为导向的是（　　）。
A. 东北森林带
B. 北方防沙带
C. 南方丘陵山地带
D. 长江重点生态区

47. 规划的（　　）体现在可根据规划编制相关下位规划、出台相关政策。
A. 战略性
B. 约束性
C. 操作性
D. 指导性

48. 强化发展规划的统领作用应当（　　）。
A. 强化国家级空间规划在空间开发保护方面的基础和平台功能
B. 划定城镇、农业、生态空间以及生态保护红线、永久基本农田、城镇开发边界，并以此为载体统筹协调各类空间管控手段
C. 提高国家发展规划的战略性、宏观性、政策性，增强指导和约束功能
D. 将国家级重点专项规划严格限定在编制目录清单内，与国家发展规划同步部署、同步研究、同步编制

49. 在发展规划的主要内容中，（　　）集中体现了发展导向和需要达到的发展水平。
A. 发展基础
B. 规划目标
C. 指导思想
D. 实施保障

50. 全国国土空间规划是对全国国土空间做出的全局安排，是全国国土空间保护、开发、利用、修复的政策和总纲，主要侧重（　　）。
A. 实施性
B. 政策性
C. 战略性
D. 协调性

51. 编制国土空间规划需全面落实党中央、国务院重大决策部署，体现国家意志和国家发展规划的（　　）。
A. 科学性
B. 战略性
C. 协调性
D. 操作性

52. 能够识别农业生产适宜区和不适宜区的是（　　）。
A. 省级农业生产适宜性评价
B. 市县农业生产适宜性评价
C. 省级生态保护重要性评价
D. 市县生态保护重要性评价

53. 以下不属于建设海南自由贸易港 2035 年发展目标的是（　　）。
A. 营商环境总体达到国内一流水平
B. 实现贸易自由便利、投资自由便利、跨境资金流动自由便利、人员进出自由便利
C. 成为我国开放型经济新高地
D. 现代社会治理格局基本形成

54. 关于优化国土空间开发保护格局措施的说法，错误的是（　　）。
A. 开拓高质量发展的重要动力源
B. 提升重要功能区域的保障能力
C. 以京津冀、海南、粤港澳大湾区为重点，提升创新策源能力和全球资源配置能力
D. 逐步形成城市化地区、农产品主产区、生态功能区三大空间格局

55. 建立科学有效的市场监管方式，促进市场有序发展，保护公平竞争，防止形成行业垄断和市场壁垒，体现出“互联网 +”行动应遵循（　　）的基本原则。

A. 坚持引领跨越
B. 坚持安全有序
C. 坚持融合创新
D. 坚持开放共享

56. 推广在线医疗卫生新模式属于“互联网 +”（　　）的行动重点。

A. 高效物流
B. 协同制造
C. 益民服务
D. 便捷交通

57. 属于“一带一路”建设优先领域的是（　　）。

A. 贸易畅通
B. 资金融通
C. 政策沟通
D. 基础设施互联互通

58. 下列不属于粤港澳大湾区战略定位的是（　　）。

A. 充满活力的世界级城市群
B. 具有全球影响力的国际科技创新中心
C. 生态文明建设的现行示范带
D. “一带一路”建设的重要支撑

59. 根据《中共中央　国务院关于支持海南全面深化改革开放的指导意见》，到 21 世纪中叶，海南将要实现的发展目标是（　　）。

A. 与全国同步实现全面建成小康社会目标
B. 经济增长质量和效益显著提高
C. 自由贸易港的制度体系和运作模式更加成熟
D. 率先实现社会主义现代化

60. 黄河流域是我国的农产品主产区，不包括（　　）。

A. 黄淮海平原
B. 华北平原
C. 汾渭平原
D. 河套灌区

二、多项选择题（共 35 题，每题 2 分。每题的备选项中，有 2 个或 2 个以上符合题意，至少有 1 个错项。错选，本题不得分；少选，所选的每个选项得 0.5 分）

61. 公共物品具有（　　）的特点。

A. 非竞争性
B. 战略性
C. 非排他性
D. 公益性
E. 基础性

62. 关于均衡价格的表述，正确的有（　　）。

A. 均衡价格是指一种商品需求量与供给量相等时的价格
B. 在图形上，均衡价格是商品的供给曲线与需求曲线相交时的价格
C. 均衡价格的形成就是价格决定的过程
D. 供给和需求力量的相互作用，使市场价格趋于并稳定于均衡价格
E. 均衡价格是在市场上供求双方互动以及政府价格干预过程中最终形成的

63. 消除不完全竞争（垄断）可利用的工具包括（　　）。

A. 反垄断法
B. 价格管制
C. 货币政策
D. 汇率制度
E. 设立公共企业

64. 投资按其具体形式可分为（　　）。

A. 重置投资
B. 自发投资
C. 固定资产投资
D. 存货投资
E. 引致投资

65. 我国投资宏观调控的主要任务包括（　　）。

A. 调控投资的地区布局，促进区域经济协调发展
B. 推动国有资产的合理配置和有效使用

C. 调控重大建设项目安排，发挥中国特色社会主义市场经济制度的优越性
D. 调控投资总量，保持合理投资规模
E. 调控投资的产业结构和部门结构，促进产业结构优化升级

66. 财政政策主要通过（　　）等手段对经济运行进行调节，是政府进行反经济周期调节、熨平经济波动的重要工具，也是财政有效履行配置资源、公平分配和调控经济等职能的主要手段。
A. 税收、补贴　　B. 赤字、国债
C. 收入分配　　D. 转移支付
E. 降低准备金率

67. 促进经济长期增长的政策措施包括（　　）。
A. 增加国家人力资源储备的教育和培训投资
B. 鼓励技术进步，鼓励创新，知识产权保护
C. 间接地限制商品进口
D. 实施有助于增加国民储蓄、投资和研究开发活动的税收政策
E. 加大对包括公共教育基础设施建设、研究基金、基础教育、技能培训等方面的支出

68. 金融债券包括（　　）。
A. 政策性金融债　　B. 商业银行普通债
C. 中小企业私募债　　D. 商业银行资本混合债
E. 可转债、可分离债

69. 鼓励和引导民间资本进入基础产业和基础设施领域主要表现在（　　）等方面。
A. 鼓励民间资本参与发展教育和社会培训事业
B. 鼓励民间资本参与电信建设
C. 鼓励民间资本参与交通运输建设
D. 鼓励民间资本参与水利工程建设
E. 鼓励民间资本参与发展社会福利事业

70. 与一般的银行相比，中央银行的特征表现在（　　）。
A. 不以营利为目的
B. 不经营普通银行业务，只与政府和金融机构有业务往来
C. 不受任何部门的管理和监督
D. 对金融业实施监督管理，维护金融稳定
E. 组织、参与和管理支付清算

71. 我国各级预算应当遵循（　　）的原则。
A. 自担风险　　B. 讲求绩效
C. 勤俭节约　　D. 统筹兼顾
E. 收支平衡

72. 下列属于中央财政支出责任的是（　　）。
A. 公检法经费　　B. 国防、武警经费
C. 民兵事业费　　D. 外交支出
E. 城市维护和建设经费

73. 在市场经济条件下，市场在资源配置中发挥基础性的作用，但也存在市场自身无法解决的公共问题，包括（　　）等。
A. 宏观经济波动　　B. 垄断
C. 外部性　　D. 收入公平
E. 内部性

74. 我国资本市场包括（　　）等。

A. 回购市场
B. 债券市场
C. 票据市场
D. 同业拆借市场
E. 股票市场

75. 税和费的区别主要表现在（　　）等方面。

A. 主体不同
B. 范围不同
C. 特征不同
D. 数量不同
E. 用途不同

76. 根据《中华人民共和国进出口关税条例》，我国进口关税设置最惠国税率、（　　）等税率。

A. 协定税率
B. 特惠税率
C. 普通税率
D. 临时税率
E. 关税配额税率

77.《中华人民共和国预算法》规定，国家实行财政转移支付制度。一般性转移支付主要用于（　　）。

A. 履行中央承担的共同财政事权的支出责任
B. 提高地方履行共同财政事权的能力
C. 保障中央决策部署的有效落实
D. 均衡地区间财力配置
E. 保障地方日常运转和加快区域协调发展

78. 一般性货币政策工具包括（　　）。

A. 保险投资
B. 再贴现
C. 公开市场操作
D. 法定存款准备金
E. 债券融资

79. 影响产业布局的基本因素有（　　）。

A. 自然因素
B. 人力资源因素
C. 物流因素
D. 成本因素
E. 集聚因素

80. 行政单位国有资产管理的具体内容包括（　　）。

A. 保障国家安全
B. 产权界定
C. 资产清查
D. 产权纠纷调处
E. 资产统计报告

81. 社会保障促进社会发展的功能主要表现在（　　）。

A. 加快关键环节改革步伐
B. 促进经济的发展
C. 促进社会的协调发展
D. 维护基本医疗卫生服务的公益性
E. 调节利益关系

82. 财产和行为税包括（　　）。

A. 土地增值税
B. 印花税
C. 烟叶税
D. 契税
E. 车船税

83. 银行业金融机构体系由（　　）组成。

A. 证券交易场所
B. 政策性银行
C. 商业银行
D. 金融资产管理公司
E. 保险公司

84. 按照政策作用的方式，可以把产业政策分为选择性产业政策和功能性产业政策。功能性产业政策一般不针对具体产业，重点是政府通过（　　）等形式完善整体产业发展环境进而提高产业竞争力。

A. 市场服务
B. 研发补贴
C. 补贴
D. 人才培训
E. 税收

85. 产业政策的实施手段主要包括（　　）。

A. 金融手段
B. 法律措施
C. 财税手段
D. 信息服务措施
E. 技术手段

86. 产业政策向功能化转型要求（　　）。

A. 在宏观上进一步对外打开门户
B. 最大限度地减少政府对市场资源的直接配置和对微观经济活动的直接干预
C. 在微观上应尊重民营企业及其创业者
D. 更加尊重市场经济的一般规律
E. 充分发挥市场在资源配置中决定性作用的同时，更好地发挥政府的“补位”作用

87. 城镇建设适宜性省级评价中，在生态保护极重要区以外的区域，优先考虑（　　）等底线要求，识别城镇建设不适宜区。

A. 环境安全
B. 资金安全
C. 粮食安全
D. 发展安全
E. 地质安全

88. 北方防沙带生态保护和修复重大工程包括（　　）。

A. 三北地区矿山生态修复
B. 河西走廊生态保护和修复
C. 三江源生态保护和修复
D. 内蒙古高原生态保护和修复
E. 黄土流失综合治理

89. “十四五”时期经济社会发展主要目标包括（　　）。

A. 国家治理效能得到新提升
B. 增强国有经济活力
C. 改革开放迈出新步伐
D. 社会文明程度得到新提高
E. 民生福祉达到新水平

90. 完善规划实施监督考核机制应采取的措施有（　　）。

A. 建立健全党委领导、人大批准、政府编制实施的国家发展规划工作机制
B. 国家发展规划实施情况纳入各有关部门和地方各级领导班子、领导干部考核评价体系
C. 组织开展规划实施年度监测分析、中期评估和总结评估
D. 探索实行规划实施考核结果与被考核责任主体绩效相挂钩
E. 鼓励开展第三方评估，强化监测评估结果应用

91. 根据“十四五”规划《纲要》，实施能源资源安全战略中，应稳妥推进（　　）等煤制油气战略基地建设，建立产能和技术储备。

A. 准噶尔盆地
B. 陕西榆林
C. 山西晋北
D. 新疆准东
E. 新疆哈密

92. 国土空间规划的编制要求包括（　　）。

A. 增强多样性
B. 加强协调性
C. 体现战略性
D. 提高科学性
E. 注重操作性

93. 划定永久基本农田就是根据（　　），在严守耕地红线基础上，按照一定比例，将达到质量要求的耕地依法划入。

A. 人口分布
B. 粮食作物种植情况
C. 经济布局
D. 土壤污染状况
E. 资源承载能力

94. 加快融合基础设施改造应采取的措施有（　　）。

A. 推进信息网络演进升级
B. 加快发展新兴技术
C. 积极推进传统基础设施智能化升级
D. 加快社会管理和公共服务基础设施智能化改造
E. 统筹数据和计算设施建设

95. 京津冀协同发展的首要任务是（　　）。

A. 提高节点城市综合承载能力和服务能力
B. 有序疏解北京非首都功能
C. 有序推动产业和人口聚集
D. 优化提升首都核心功能
E. 解决北京“大城市病”问题

2024全国注册咨询工程师(投资)职业资格考试预测试卷(二)参考答案

1. B	2. A	3. C	4. A	5. B
6. A	7. C	8. C	9. A	10. A
11. B	12. C	13. C	14. A	15. A
16. B	17. A	18. B	19. A	20. C
21. D	22. A	23. C	24. C	25. C
26. A	27. C	28. D	29. A	30. B
31. C	32. B	33. C	34. D	35. A
36. A	37. B	38. C	39. C	40. C
41. B	42. A	43. C	44. D	45. C
46. C	47. C	48. C	49. B	50. C
51. B	52. A	53. A	54. C	55. B
56. C	57. D	58. C	59. D	60. B
61. AC	62. ABCD	63. ABE	64. CD	65. ACDE
66. ABCD	67. ABDE	68. ABD	69. BCD	70. ABDE
71. BCDE	72. BD	73. ABCD	74. BE	75. ACE
76. ABCE	77. DE	78. BCD	79. ABCE	80. BCDE
81. BC	82. BDE	83. BCD	84. ABD	85. ABCD
86. BDE	87. ABC	88. ABD	89. ACDE	90. BD
91. BCDE	92. BCDE	93. BD	94. CD	95. BDE